Lost & Dark Places
Vorpommern und Rügen

Kein Käufer in Sicht für die Motormühle in Franzburg (Kapitel 5)

Oliver Hübner

Lost & Dark Places
VORPOMMERN UND RÜGEN

33 vergessene, verlassene und unheimliche Orte

BRUCKMANN

↑ Einst ein pittoreskes Anwesen: das Gutshaus Mittelhof (Kapitel 8)
↓ Etagen mit Ostseeblick: das Ostseebad der Nazis (Kapitel 15)
↘ Die Ruine ist ein Überbleibsel des Schlosses Pansewitz (Kapitel 17).

INHALT

33 LOST & DARK PLACES

↑ Grau geworden: das Gutshaus Sommerfeld bei Stralsund (Kapitel 9)
↗ Eine Landmarke am Hafen von Stralsund ist dieses Speichergebäude (Kapitel 10).

VORWORT

Vorpommern erstreckt sich an der Ostseeküste von der Halbinsel Fischland-Darß-Zingst bis zur polnischen Grenze auf der Insel Usedom. Auch Deutschlands größte Insel Rügen gehört zu Vorpommern, dem Teil Pommerns westlich der Oder. Im Hinterland liegt das Peenetal, die Landschaften am Barther Bodden und am Stettiner Haff. Der südöstliche Zipfel ist nur wenige Kilometer von der polnischen Metropole Stettin entfernt. Mit etwa 60 Einwohnern pro Quadratkilometer gehört Vorpommern zu den am dünnsten besiedelten Regionen Deutschlands. Der nordöstliche Landesteil des Bundeslandes Mecklenburg-Vorpommern hat also neben der reizvollen Küste viel Landschaft zu bieten. Nicht umsonst gehört er zu den beliebtesten Urlaubszielen im Land.

Doch hat er auch eine bewegte Geschichte. Relikte aus der Steinzeit und der Slawenzeit finden sich entlang der Küste. Sogar eine versunkene Stadt lag einst am vorpommerschen Strand der Ostsee: das sagenumwobene Vineta, die Goldene Stadt. Im Dreißigjährigen Krieg war Vorpommern schwer umkämpft. Fast 200 Jahre lang regierten hier die Schwedenkönige und deren Statthalter. Später eroberte Preußen in zwei Kriegen das Gebiet zurück. Viele Gebäude

Auch wenn die Landeshauptstadt weit entfernt liegt, war Schloss Putzar Stammsitz der Familie von Schwerin (Kapitel 30).

nahmen in dieser Zeit Schaden – sie sind heute als Ruinen erhalten, in unterschiedlichem Zustand.

Die Nationalsozialisten liebten die Abgeschiedenheit der Region bei gleichzeitiger Nähe zur Hauptstadt Berlin. Es entstanden zahlreiche Militäreinrichtungen, teilweise an der Küste, teilweise versteckt in Waldgebieten. Die Heeresversuchsanstalt mit etlichen Gebäuden und Ruinen auf der Insel Usedom ist das prominenteste Beispiel.

Viele prachtvolle Guts- und Herrenhäuser wurden nach 1945 durch die sowjetische Besatzungsmacht enteignet. Wer über Land in Vorpommern unterwegs ist, findet zahlreiche dieser alten Gutshäuser. Einige wurden bewohnt oder anders genutzt, wobei die Bausubstanz erhalten blieb, andere litten gerade in dieser Zeit und verfielen. Nach dem Mauerfall konnten viele dieser Gebäude erhalten werden, teilweise durch private Investoren, in anderen Fällen durch Stiftungen und Mittel aus der Denkmalpflege. An einigen jedoch dürfte der Zahn der Zeit so stark genagt haben, dass eine Restaurierung unmöglich scheint.

Die Geschichten von verlassenen Orten unterschiedlichster Art erzählt dieses Buch. Auch geheimnisvolle Sagen und gruselige Spukgeschichten weiß man in Vorpommern zu erzählen, von einem Hexenwald und einem See, dessen Wasser schwarz wurde von Menschenblut. Und auch der Teufel hat hier und da sein Handwerk ausgeübt. Der Weg nach Vorpommern lohnt sich also nicht allein wegen des wunderschönen Ostseestrands; auch verlassene und geheimnisvolle Orte laden ein, sie zu erkunden.

Einst wohnte hier Rapunzel, heute rankt sich der Efeu um den Turm der Veste Landskron (Kapitel 30).

VERHALTENSREGELN FÜR LOST PLACES

1. Behandeln Sie die Orte mit Respekt

Jedes Bauwerk und jedes Gebäude erzählt eine Geschichte aus vergangenen Tagen. Dies gilt es zu schützen. Und auch wenn es teilweise nicht so aussieht, aber jeder dieser Lost Places hat einen Eigentümer. Das sollte respektiert werden. Das beinhaltet vor allen Dingen, dass nichts zerstört oder gewaltsam geöffnet wird. Sind Fenster oder Türen verschlossen, sollte das auch so bleiben. Gehen Sie respektvoll mit dem Ort um.

2. Nehmen Sie nichts mit, lassen Sie nichts da

Wenn Sie etwas von einem Lost Place mitnehmen, und sei es noch so klein, ist es Diebstahl. Wie bereits in Punkt 1 gesagt, alle diese Orte haben einen Eigentümer. Daher gilt die Regel: Alles bleibt, wie es ist. Belassen Sie es bei den schönen Einblicken und Fotos, die Sie an dem Ort machen. Gleiches gilt auch umgekehrt: Lassen Sie nichts liegen. Keine Essensreste, keine Kaugummis, keine Kippenstummel.

3. Rauchen verboten

Das bringt uns zum nächsten Punkt: Rauchen verboten. Zollen Sie dem ehrwürdigen Ort Respekt und verzichten Sie für die Zeit, die Sie da sind, auf das Rauchen. Kippenstummel brauchen nicht nur 15 Jahre zum Verrotten (sie sollten übrigens nirgends achtlos weggeworfen werden), sondern können schnell ein Feuer verursachen.

4. Keine Graffiti

Dass Sie nichts hinterlassen sollen, gilt auch für Kunstwerke an den Wänden. Man sprüht einfach nicht auf fremdes Eigentum, sei es noch so schön. Lassen Sie die Wände wie sie sind, sodass auch noch Menschen nach Ihnen den Ort so erleben können, wie er früher einmal war.

5. Seien Sie vorsichtig

Vorsicht ist besser als Nachsicht. Das gilt vor allem bei Lost Places. Marodes Holz, verrostete Geländer, einsturzgefährdete Decken, lockere Böden (teilweise befinden sich noch Kellergeschosse darunter), eingeschlagene Fenster – die Liste der Gefahren solcher Orte ist lang. Seien Sie daher immer wachsam. Begeben Sie sich niemals in Gefahr für das eine Foto. Das ist es nicht wert. Treppen und obere Etagen sind eine gängige Gefahrenquelle. Schauen Sie sich den Zustand der Treppe und der Decke genau an. Nehmen Sie auch eine Taschenlampe für dunkle Räume und Keller mit.

6. Gehen Sie nicht allein

Es ist ratsam, immer mindestens zu zweit, besser noch zu dritt, einen Lost Place zu be-

Nicht nur für Mönche, auch für den Maler Caspar David Friedrich ein Anziehungspunkt: die Klosterruine Eldena (Kapitel 28)

Bizarr und unheimlich ist der Hexenwald auf Rügen (Kapitel 20).

suchen. Da gilt die alte Regel: Ist eine Person verletzt, bleibt die zweite vor Ort und die dritte holt Hilfe. Zudem weiß man nie, wen man vor Ort trifft. Plünderer, Spinner und betrunkene Jugendliche sind auch oft in Lost Places anzutreffen. Da ist es beruhigender, nicht allein unterwegs zu sein.

7. Erregen Sie kein Aufsehen

Da viele Lost Places in Privatbesitz sind, gilt hier »Betreten verboten«. Auch, wenn das Tor angelweit aufsteht oder ein riesiges Loch im Zaun ist. An Orten, an denen das Zugangsrecht nicht ganz klar ist, ist es ratsam, sein Auto nicht direkt vor dem Gelände zu parken. Schauen Sie beim Betreten des Geländes auch immer, dass Sie niemand sieht. So vermeiden Sie unerwünschte Begegnungen und mögliche Konfrontationen mit der Polizei.

Ausrüstung

Wir empfehlen Folgendes:

- Festes Schuhwerk, hohe Socken (Schutz vor Zecken)
- Reißfeste Kleidung, ggf. leichte Regenjacke
- Kamera inkl. Zusatzakku, Speicherkarten, Stativ
- Proviant und Getränke (nehmen Sie aber alles wieder mit)
- Kopf- oder Stirnlampe für freie Hände
- Taschenlampe mit weitem Winkel für Keller und dunkle Räume
- Taschenmesser
- Aufgeladenes Handy (ggf. Powerbank)
- Notizblock und Stift
- Pflaster und Taschentücher für Verletzungen
- Mücken- und Zeckenspray

Die V2-Rakete im Technikmuseum Peenemünde (Kapitel 21)

Alter Putz und neue Fenster –
die Wasserburg Divitz (Kapitel 7)

1

ABSTURZGEFAHR MIT BLICK AUF DIE OSTSEE

Reste des Beobachtungsbunkers Wustrow

Wie zwei graue Klötze liegen sie in der Ostsee – die Kammern des Beobachtungsbunkers Wustrow stürzten mitsamt dem Kliff ins Meer.

Adresse Niehäger Straße, 18347 Ahrenshoop, Amt Darß-Fischland, Landkreis Vorpommern-Rügen **GPS** 54.3610, 12.3964 **Anfahrt** A 19 oder A 20 bis Rostock, B 105 Richtung Ribnitz-Damgarten und dann Landesstraße auf die Halbinsel Fischland-Darß-Zingst; Busverbindungen ab Bahnhof Ribnitz-Damgarten-West

Überreste der alten Bunkeranlage befinden sich direkt am Ostseestrand.

Weiter Blick über die Ostsee – früher wurde hier nach feindlichen Schiffen und Flugzeugen Ausschau gehalten.

SCHÖNE AUSSICHT Was hat man hier doch für einen wundervollen Blick über die Ostsee! Oben auf der Steilküste einfach den Blick schweifen lassen, auf die Containerschiffe, die Fähren nach Skandinavien, die Möwen, die um die besten Plätze auf den Buhnen streiten, die Schwalben, die in ihre Nester in der Steilküste ein- und ausfliegen, die Seebrücke von Wustrow in der Ferne. Und unten plätschern die Wellen an den Strand. Wind in den Haaren, salzige Luft in der Nase, herrlich! Das haben sich die Militärstrategen der Nationalen Volksarmee wohl auch gedacht. Weniger das mit der salzigen Luft und dem Blick auf die Möwen, die Containerschiffe und Fähren waren seinerzeit auch etwas kleiner. Doch der Blick, der war ganz sicher interessant. Von hier ist er frei auf weite Teile der westlichen Ostsee, die Lübecker Bucht, dänische Inseln und Teile der schwedischen Küste … der ideale Standort für eine Beobachtungsstation.

BEOBACHTUNGSSTAND DER GRENZBRIGADE So baute 1957 die »Grenzbrigade Küste« der DDR hier zwei Bunker für die 7. Beobachtungskompanie. Feindliche Luft- und Seebewegungen konnten von hier aus gesichtet werden. Dafür standen unter anderem Wärmepeilanlagen zur Verfügung. Die geschützte Lage an der Steilküste gab zudem genügend Tarnung für den Standort. Die Bunker waren nicht groß, sie hatten eine Abmessung von zwei mal zwei Metern. Der zweite Bunker verfügte über eine Funksignalanlage. Durch Abbrüche an der Küste musste bereits 1977 ein Signalturm aufgegeben werden, 1989 gab man schließlich die gesamte Anlage auf, und eine in der Nähe errichtete Kaserne wurde nach der Wiedervereinigung abgerissen. Der Beobachtungsbunker Wustrow war allerdings nicht der erste seiner Art hier. Bereits in der Zeit des Nationalsozialismus gab es wenige Hundert Meter nördlich von der Stelle eine Bunker-

Früher saß der Bunker fest in der Wand, heute wird er von Wellen umspült.

anlage, die den Namen Lehrbatterie »MKB Ehrhardt Schmidt« erhalten hatte. Die »Grenzbrigade Küste« unterhielt mehrere Wachtürme an der Ostseeküste und einen weiteren Beobachtungsbunker, nämlich den Marineführungsbunker am Kap Arkona, der bereits von der Wehrmacht gebaut wurde. Dieser kann besichtigt werden.

VORPOMMERN ODER MECKLENBURG?

Am besten erreicht man den Bunker von Wustrow aus. Entweder geht man den Strand entlang oder wählt den Weg oberhalb der Steilküste. Ein Strandzugang vom Küstenweg befindet sich etwa 500 Meter südlich der Bunkeranlage. Dass diese dem Küstenabbruch zum Opfer fiel, ist offensichtlich. Wie zwei große, quaderförmige Felsbrocken liegen die Bunkerkammern einige Meter in der Ostsee. Am Strand findet man zahlreiche Betonteile, und Eisenstangen ragen aus dem Boden. Von hier sind die Plattform auf der Steilküste und aus dem Gestein heraushängende Kabel gut zu sehen. Oben gibt es noch weitere Überreste der Anlage. Eigentlich befindet sich der Bunker gar nicht auf Wustrower Gemeindegebiet, sondern in Niehagen, das zu Ahrenshoop gehört. Und wenn man historisch genau sein möchte, steht er nicht einmal in Vorpommern, sondern in Mecklenburg. Denn historisch verlief die Grenze zwischen Mecklenburg und Vorpommern mitten durch den Ort Ahrenshoop. Die südlichen Ortsteile Niehagen und Altenhagen gehören zum Fischland und damit zu Mecklenburg. Ahrenshoop gehört zum Darß und damit schon seit jeher zu Vorpommern. Im Zuge mehrerer Kreisreformen gelangte dieser Teil des Fischlands zum Landkreis Vorpommern-Rügen.

Die Ostsee – ein besonderes Erlebnis

Wenn man schon mal an der Küste ist, dann sollte das besondere Erlebnis doch die Ostsee sein. Niehagen liegt etwa auf halbem Weg zwischen den beiden Ostseebädern Wustrow und Ahrenshoop. Beide bieten Gastronomie und Ahrenshoop zudem viel Kultur, beispielsweise das Kunstmuseum Ahrenshoop. Von beiden Seiten kann man sich dem Bunker am Strand nähern, von beiden Seiten aus auch oben auf der Klippe. Es ist allerdings Vorsicht geboten, da die Küste hier jederzeit abrutschen kann. Vor dem Betreten einiger Strandabschnitte wird daher gewarnt, ebenso davor, sich zu dicht der Abbruchkante zu nähern. Die nächstgelegene Parkmöglichkeit ist ein öffentlicher Parkplatz im Ort Niehagen.

Oben auf der Klippe sieht man die Bunkerplattform.

Das Kabelwerk hängt lose herab. An der Klippe ist Vorsicht geboten!

Die Pförtnerloge der LPG Müggenburg, inzwischen stark bewachsen

2

WO 10.000 SOZIALISTISCHE RINDER GRASTEN

Versteckte Stallungen der LPG Müggenburg

Einst weideten Rinder auf den Sundischen Wiesen – heute stehen die Boddenwiesen unter Naturschutz. Die Stallungen der alten LPG sind hinter der Hecke verborgen.

Adresse Landstraße 17a, 18374 Zingst, Landkreis Vorpommern-Rügen **GPS** 54.4260, 12.7400; Abschussrampe 54.4333, 12.8823 **Anfahrt** A 19 oder A 20 bis Rostock, B 105 bis Löbnitz und dann Richtung Barth und Zingst; Busverbindungen ab Barth und Ribnitz-Damgarten

WEITES LAND AUF DER HALBINSEL ZINGST Östlich vom Ostseebad Zingst auf der gleichnamigen Halbinsel erstreckt sich Landschaft … viel Landschaft: die Siedlung Müggenburg mit einigen Häusern, doch dahinter an der Küste noch Kilometer Sandstrand. Südlich, bis zum Barther Bodden, liegen die Sundischen Wiesen. Ein Rad- und Wanderweg führt bis zum Pramort, wo eine Aussichtsplattform einen Rundumblick auf das weite Land bietet; daher heißt sie auch »Weites Land«. Heute befindet sich dort weitestgehend naturbelassene Landschaft mit viel Heidekraut und Dünen zur Ostsee hin. Im Herbst rasten hier die Kraniche, andere Küstenvogelarten haben hier ihr Zuhause. Der Teil der Halbinsel östlich der Besiedlung gehört zum Nationalpark Vorpommersche Boddenlandschaft.

BOMBENKRATER UND WEIDEFLÄCHEN So beschaulich war es hier nicht immer. Die Zeit als militärisches Übungsgelände bis

Ob heute noch ein Bus kommt?

zum Zweiten Weltkrieg hinterließ 14.000 Bombenkrater. Und zu DDR-Zeiten grasten hier 10.000 Rinder. Die Halbinsel wurde größtenteils landwirtschaftlich genutzt, zunächst als LPG Müggenburg, später als volkseigenes Gut »Zingst-Darß«, das sich auch der Nerzzucht widmete. Vor allem der südliche Bereich der Sundischen Wiesen wurde intensiv gedüngt und das gemähte Gras hier im größten Grünfuttertrocknungswerk der DDR zu Viehfutter verarbeitet.

VERSTECKTE STALLUNGEN Die Gebäude der alten LPG befinden sich an der Landstraße südlich des Dorfes Müggenburg. Von der Straße aus sind einige Gebäude zu sehen, der Großteil der alten Ställe ist aber hinter dichtem Heckenwerk verborgen. So bleibt der Blick auf das Eingangsgebäude und ein Nebengebäude der LPG. Auf Satellitenkarten ist jedoch die Größe der gesamten Anlage gut zu erkennen. Etwa 20 Stall- und andere Gebäude in unterschiedlichem Zustand sind auszumachen; einige der Dächer sind offenbar eingestürzt, die Mauern der meisten Gebäude stehen aber, sodass ihr Grundriss deutlich erkennbar ist. Die landwirtschaftliche Nutzung der Sundischen Wiesen endete im Jahr 1993. Seither sind die Gebäude dem Verfall preisgegeben. Das Gelände ist in privatem Besitz, der Eigentümer jedoch auch für Anfragen der Gemeindeverwaltung nicht mehr erreichbar. Da es nicht abgesperrt ist, wird das Betreten nicht offiziell verboten. Aufgrund des Zustands der Gebäude ist aber bei der Erkundung Vorsicht geboten.

In den Stallungen hinter diesem Gebäude lebten einst 10.000 Rinder.

Viel freier Lagerplatz, vermutlich für sehr viel Rindermist

Die alte Gardine hängt noch, die Satellitenschüssel ist neu.

Start in die Stratosphäre

Wer die Sundischen Wiesen – am besten zu Fuß oder mit dem Fahrrad – erkundet, dem bietet sich neben einem beeindruckenden Naturerlebnis noch ein weiterer Lost Place. Zwischen 1988 und 1992 wurden auf der Halbinsel Zingst russische Forschungsraketen des Typs MMR06-M bis in eine Höhe von 75 Kilometern in die Stratosphäre geschossen. Dabei sollten Temperaturen und Windgeschwindigkeiten in der Hochatmosphäre gemessen werden. Es erfolgten insgesamt 62 Starts. Die Landungen waren teilweise hart, teilweise erfolgreich durch einen Fallschirm gebremst. Die Trägerrakete fiel dabei in einem Gebiet bis zu zehn Kilometern vor der Küste in die Ostsee und die Messkapsel bis zu 45 Kilometer von der Startrampe entfernt. Letztere befindet sich etwa zwei Kilometer vor dem östlichen Ende der Halbinsel.

3

ZUGVERBINDUNG DURCH DAS SCHILF

Alte Eisenbahnbrücke zum Zingst

Über die Meiningenbrücke dampften früher die Züge der Darßbahn. Wird die ehemalige Bahnstrecke bald wiederbelebt?

Adresse An der Meiningenbrücke, 18374 Zingst, Landkreis Vorpommern-Rügen **GPS** 54.4079, 12.6662 **Anfahrt** A 19 oder A 20 bis Rostock, B 105 bis Löbnitz und dann Richtung Barth und Zingst; Busverbindungen ab Bahnhof Ribnitz-Damgarten-West

Die alten Waggons auf den einstigen Gleisen werden heute als Ferienwohnungen genutzt.

Elegante Stahlkonstruktion durch das Schilf und über den Meiningenstrom; drüben ist der Zingst.

STAHLBÖGEN IM SCHILF 470 Meter durch das Boddenschilf und über den Meiningenstrom führt die alte Meiningenbrücke. Die graue Stahlkonstruktion, ein Brückenbogen und ein drehbares Brückenelement verlaufen parallel zur Straßenbrücke, die die Halbinsel Fischland-Darß-Zingst hier mit dem Festland verbindet. 1910 dampfte die Darßbahn erstmals von Velgast über Barth nach Prerow über den Viadukt. Doch seit 1947, als die Gleise demontiert und zur Reparationszahlung in die Sowjetunion gebracht wurden, ist hier kein Zischen und Fauchen von Dampfloks mehr zu vernehmen. Doch war damit die Geschichte der Brücke noch nicht besiegelt. Ab 1960 diente sie als Straßenbrücke, die einspurig für den Autoverkehr freigegeben wurde. Für den zunehmenden touristischen Verkehr zu den beliebten Ostseebädern Zingst und Prerow reichte die einspurige Brücke bald schon nicht mehr aus. Eine Ampelschaltung regelte den Verkehr von und zur Halbinsel und sorgte in den Sommermonaten für lange Geduldsproben bei den Reisenden. 1980 wurde deshalb eine Behelfsbrücke parallel zur alten Eisenbahnbrücke errichtet, die jedoch auf schwimmenden Pontons im Meiningenstrom lag. Zur Öffnung für den Schiffsverkehr mussten die Pontons, die die Nationale Volksarmee aufgestellt hatte, jedes Mal zur Seite gefahren und anschließend wieder an ihre Position gebracht werden. Ein aufwendiges Unterfangen. Die alte Eisenbahnbrücke löste die Brückenöffnung eleganter. Eines der beiden Brückenelemente, die den Strom überspannten, war auf einem Drehteller befestigt, der mitsamt einem 43,7 Meter langen Gleisabschnitt zur Seite gedreht werden konnte. Bedient wurde die Brücke aus einem Steuerhäuschen, das oben am drehbaren Brückenelement angebracht ist, was der Drehbrücke eine besondere Form verleiht.

BIS ZU 30 MINUTEN WARTEZEIT Die Straßenbrücke ist heute zweispurig ausgebaut und verläuft parallel neben der alten Brücke.

Der alte Bahndamm ist zugewachsen,
parallel führt ein Radweg entlang der alten Bahnstrecke nach Barth.

Eine Hubbrücke kann die Fahrbahn anheben und den Weg für die Schiffe freigeben. Im Sommerhalbjahr wird die Brücke viermal täglich zu festen Uhrzeiten für bis zu 30 Minuten geöffnet, im Winterhalbjahr mindestens ein- bis zweimal wöchentlich. Eine gute Aussicht auf die Brücke bietet sich von der Nordseite, also von der Halbinsel Zingst aus. Vom dortigen Parkplatz kann man über die neue Brücke gehen, allerdings nur auf der Straßenseite, die der alten Brücke abgewandt ist. Bei regem Verkehr ist es deshalb von der neuen Brücke aus schwierig, eine gute Sicht auf die alte zu bekommen.

AM ALTEN BAHNHOF BRESEWITZ Auch am südlichen Punkt der Brücke besteht eine Möglichkeit zu parken. Am besten aber nähern Sie sich der Brücke zu Fuß vom Ort Bresewitz aus. Vom alten Bahnhof, in dem sich heute Ferienwohnungen befinden, verläuft ein Fuß- und Radweg direkt neben dem alten Bahndamm, auf dem teilweise noch Gleise vorhanden sind. Von diesem Weg aus haben Sie eine weite Sicht über das Flachland zum Bodden und können sich der Brücke auf einer Strecke von etwa 500 Metern langsam nähern. Beim Blick zurück zeigen sich das alte Bahnhofsgebäude und einige alte Personenwagen der Reichsbahn. Hier wurde bis vor Kurzem »Kunst auf Rädern« gezeigt, heute sind auch Ferienwohnungen in den Waggons eingerichtet.

NEUES LEBEN FÜR DIE DARSSBAHN Es ist allerdings Eile geboten, wenn die Meiningenbrücke noch in ihrer jetzigen Funktion – also außer Betrieb – besichtigt werden soll. Die Pläne zum Ausbau der alten Darßbahn sind seitens der Bundesregierung und des Landes Mecklenburg-Vorpommern bereits beschlossen. Für 20 Kilometer Gleisstrecke wurden 115 Millionen Euro bewilligt. Der schwierigste Bauabschnitt wird vor allem die Querung des Meiningenstroms sein. In den kommenden Jahren soll mit dem Neubau der Strecke begonnen werden, die aber voraussichtlich nicht vor 2029 fertiggestellt sein wird.

Vom Wasser aus

Der beste Blick auf die Meiningenbrücke ist wohl vom Wasser aus zu finden. In Zingst am Hafen befindet sich ein Motorbootsverleih. Auch Einerkajaks können für Touren mit Muskelkraft ausgeliehen werden – es sind aber gute fünf Kilometer vom Hafen Zingst bis zur Meiningenbrücke zurückzulegen. Ebenfalls mit Muskelkraft (oder elektrisch verstärkt) kann die Brücke mit dem Fahrrad überquert werden. Die Strecke von Barth nach Zingst beträgt etwa 25 Kilometer und führt über weite Strecken neben der alten Bahntrasse entlang und über die neue Meiningenbrücke. Südlich von Bresewitz können dabei auch noch einige Stahlbefestigungen der Bahnstrecke bestaunt werden. Das Ostseebad Zingst liegt zwischen Bodden und Ostsee, mit einem Hafen an der Boddenseite, einer Strandpromenade und einer Seebrücke an der Ostseeseite. Mit der alten LPG Müggenburg liegt auch ein weiterer interessanter Lost Place im Stadtgebiet von Zingst (s. Seite 20).

Das Drehelement der Brücke mit Lotsenhäuschen; für den Schiffsverkehr wurde es zur Seite gedreht.

Viele Gruselwesen des Meeres sind am Hafen von Barth aufgestellt.

4

DIE SUCHE NACH DER GOLDENEN STADT

Vineta, das Atlantis der Ostsee

Wo genau die legendäre Stadt im Meer versank, ist nach wie vor nicht geklärt. An der Odermündung, so weiß es der Volksmund. Doch wo mündete einst die Oder?

Adresse Lange Straße 16, 18356 Barth, Landkreis Vorpommern-Rügen
GPS 54.3681, 12.7252 **Anfahrt** A 19 oder A 20 bis Rostock, B 105 bis Löbnitz und dann Richtung Barth; Zugverbindungen über Rostock oder Stralsund mit Umstieg in Velgast

DIE GRÖSSTE EUROPAS Eine prächtige, mächtige und strahlende Stadt an der Ostsee … Vineta! Ihre Stadttore waren aus Erz, das Tischbesteck aus Gold, zu ihrer Zeit war sie die größte Stadt Europas. Mittelpunkt des Welthandels gar, so sagt man. Ihr Schicksal: Sie musste untergehen! Doch wo genau sie sich einst befunden haben soll, weiß heute niemand mehr genau. Nur, dass sie an der Ostsee lag, ist gewiss. Gleich mehrere Orte beanspruchen die Stadt Vineta und ihre Geschichte für sich, schließlich ist die Legende sagenumwoben. Ihr Untergang in den Ostseewellen, vermutlich im 13. oder 14. Jahrhundert, regt die Fantasie der pommerschen Küstenbewohner an. Lag sie vor Rügen? Oder vor Usedom? Hat gar die polnische Insel Wollin ihren Namen geerbt? Oder befand sie sich doch eher im Boddengewässer bei Barth? Fakt ist: Heute nennen sich mehrere Städte »Vinetastadt« oder wollen zumindest an ihrem Ruhm mit Vineta-Festspielen teilhaben.

VERGEBLICHE WARNRUFE Der Sage nach war der Untergang Vinetas die Strafe für den Hochmut ihrer Bewohner, deren Mangel an Demut, ihren verschwenderischen Lebensstil. Warnungen schlugen sie allesamt in den Wind – so auch die einer Wasserfrau, die mit hoher und schriller Stimme am Strand gerufen haben soll: »Vineta, Vineta, du rieke Stadt, Vineta sall unnergahn, wieldeß se het väl Böses dahn.« (»Vineta, Vineta, du reiche Stadt, Vineta soll untergehen, weil sie viel Böses getan hat.«) Genützt hat es indes nichts, denn diese Warnung wurde ebenso überhört wie alle Warnungen zuvor. Und so verschlangen die Ostseewellen Vineta in einer Sturmflut. Als Mahnung sollen noch heute die Kirchenglocken aus dem Wasser zu hören sein.

EINE EHEMALIGE WIKINGERSTADT? Historisch belegt ist der Ort erstmals in einem arabischen Bericht als »Weltaba«. Im 11. und 12. Jahrhundert erwähnen Quellen eine Wi-

Ob hier einmal die versunkene Stadt Vineta lag? Das gleichnamige Museum in Barth geht dieser Frage nach.

kingersiedlung namens »Vimne« oder »Uimne«, auch »Jumne« oder »Julin«. Auf Karten, die im 16., 17. und 18. Jahrhundert entworfen wurden, taucht wiederum eine Insel »Zwineta« vor Usedom auf, ungefähr vor dem heutigen Koserow. Lange Zeit galt deshalb als wahrscheinlich, dass es sich bei Vineta um die Wikingerstadt »Jomsburg« handelt. Sie wurde im 10. Jahrhundert vom dänischen König und Wikingerhäuptling Harald Blauzahn gegründet. Im Hafen von Jomsburg fanden 300 Wikingerschiffe Platz. Die Siedlung soll Ähnlichkeit mit dem heute gut erforschten Haithabu bei Schleswig gehabt haben. Dort wohnten in der Blütezeit im 10. Jahrhundert wohl 1500 Menschen. Jomsburg wird von arabischen Quellen als große Hafenstadt in Pommern mit zwölf Toren beschrieben, deren Streitmacht allen Völkern des Nordens überlegen sei. Später wurde sie sogar als reichste Stadt Europas beschrieben, unter dem Namen »Jumne«. Ein Fund der Goldscheibe des Harald Blauzahn belegt die Lage bei der polnischen Insel Wollin. Ob Vineta und Jomsburg wirklich eins sind, ist aber nach wie vor nicht klar. Fest steht, dass beide versunken sind bzw. restlos zerstört wurden, möglicherweise bei der Allerheiligenflut im Jahr 1304, die auch die Landverbindung von der Insel Ruden vor der Nordwestspitze Usedoms zum Mönchgut auf Rügen überspülte. Einige kleine Inseln zeugen dort heute noch von der einstigen Verbindung.

DIE GROSSE FLUT Möglicherweise liegt aber eben wegen jener großen Flut vor gut 700 Jahren auch ein historischer Irrtum vor. Historische Quellen geben die Lage der sagenumwobenen Stadt an der Odermündung

Zwischen Rügen und Usedom ist eine Halbinsel im Meer versunken. Hat sie Vineta mitgenommen?

an. Daher war man sich lange sicher, dass sie bei der polnischen Insel Wolin liegen musste. Doch die Oder – zumindest einer der Mündungsarme des Oder-Deltas – floss vor der Allerheiligenflut vermutlich südlich von Rügen durch den Strelasund. Also auch bis in den Barther Bodden? Das Fremdenverkehrsamt in Barth jedenfalls freute sich über diese Theorie und nutzt seit 1999 den Namenszusatz »Vinetastadt« Barth.

LITERARISCHE VERARBEITUNG Reichtum, Macht und Überfluss, vielleicht auch Dekadenz sind der Stoff, aus dem die Geschichten um die berühmte Stadt gemacht sind. Viele Gedichte erzählen von Vineta, selbst die DDR-Rockband »Die Puhdys« besang die sagenumwobene Stadt. Der Autor Wilhelm Müller verewigte sie in seinem bekannten (und unter anderem von Johannes Brahms vertonten) Gedicht folgendermaßen: »Aus des Meeres tiefem, tiefem Grunde / Klingen Abendglocken dumpf und matt, / Uns zu geben wunderbare Kunde / Von der schönen alten Wunderstadt. / In der Fluten Schoß hinabgesunken, / Blieben unten ihre Trümmer stehn, / Ihre Zinnen lassen goldne Funken / Widerscheinend auf dem Spiegel sehn. / Und der Schiffer, der den Zauberschimmer / Einmal sah im hellen Abendroth, / Nach derselben Stelle schifft er immer, / Ob auch rings umher die Klippe droht. / Aus des Herzens tiefem, tiefem Grunde | Klingt es mir, wie Glocken, dumpf und matt. | Ach, sie geben wunderbare Kunde | Von der Liebe, die geliebt es hat. | Eine schöne Welt ist da versunken, | Ihre Trümmer bleiben unten stehn, | Lassen sich als goldne Himmelsfunken | Oft im Spiegel meiner Träume sehn. | Und dann möcht' ich tauchen in die Tiefen, | Mich versenken in den Widerschein, | Und mir ist, als ob mich Engel riefen | In die alte Wunderstadt herein.«

Deibel, Düwel, Satan, Diabolos oder Luziferch – der Teufel hat hier viele Namen.

Vineta heute erleben

Die Welt von Vineta kann bei den Vineta Festspielen in Zinnowitz erlebt werden (vorpommersche-landesbuehne.de/vineta-festspiele/). Auch das Vineta Museum der Stadt Barth (vineta-museum.de) dokumentiert die Geschichte und die Mythen der untergegangenen Stadt. Und egal, wo man nun die alte goldene Stadt vermutet, es fährt ganz sicher ein Schiff der Weißen Flotte dorthin, zum Beispiel ab Barth. Wer ein Stückchen weiter ins polnische Wollin reisen möchte, kann dort einem Fußballspiel der Dritten polnischen Liga des Vereins Vineta Wolin beiwohnen oder das Zentrum der Slawen und Wikinger besuchen, einen Nachbau der alten Wikingerstadt Jomsburg.

5

MÜHLE, SCHULE, KREISVERKEHR

Leerstand in der Stadt Franzburg

Einen schönen Marktplatz hat die kleine Stadt Franzburg, doch auch zahlreiche verlassene Gebäude. Eine Mühle, eine alte Schule und ein Werksgelände vor den Toren der Stadt fallen besonders auf.

Adresse Mühle Franzburg: Zu den Hellbergen 23, 18461 Franzburg, Amt Franzburg-Richtenberg, Landkreis Vorpommern-Rügen **GPS Mühle** 54.1836 ,12.8820

Adresse Lehrerseminar An der Promenade 10A, 18461 Franzburg **GPS Lehrerseminar** 54.1883, 12.8793

Adresse Kreisverkehr An der Tankstelle/Papenhagen, 18461 Franzburg **GPS Kreisverkehr** 54.1956,12.8647

Anfahrt A 20 bis AS Grimmen-Ost, weiter entweder über die B 194 und die Landstraße; oder A 20 bis AS Tribsees und die Landstraße; Busverbindungen ab Stralsund, Grimmen und Tribsees

Verfallende Pracht aus Backstein am Kreisverkehr vor den Toren der Stadt

ZWEITKLEINSTE STADT IM BUNDESLAND Gut 20 Kilometer von der Boddenküste entfernt, im vorpommerschen Hinterland, liegt die Stadt Franzburg. Mit nur knapp 1400 Einwohnern ist sie bevölkerungsmäßig die zweitkleinste Stadt des Bundeslandes Mecklenburg-Vorpommern (die kleinste ist die Nachbarstadt Richtenberg, mit der Franzburg das Amt Franzburg-Richtenberg bildet). Abseits der Touristenattraktionen hat der Ort wenig Entwicklungsmöglichkeiten. Entsprechend finden sich im historischen Ortskern viele leer stehende Gebäude. Und das Angebot für Besucher ist nicht gerade reichhaltig: Das Café am Badesee hat nur am Wochenende auf, der Edeka im Ort bietet kein Bäckercafé, und für den Mittagsimbiss muss man ins nahe Richtenberg fahren. Und dennoch strahlt der Ort seinen eigenen Charme aus. Eingeschossige Häuser säumen die Pflasterstein-Ortsdurchfahrt. Es lohnt sich, von der Hauptstraße abzufahren und stattdessen die Ernst-Thälmann-Straße und am Marktplatz entlangzufahren. Die mächtige Kirche mit ihren Giebelfassaden und roten Dachziegeln überragt den Ort und ist schon bei der Anfahrt zu sehen, auch wenn ihr ein Kirchturm fehlt.

Gegründet als Lehrerseminar, später ein Gymnasium, heute Leerstand

HISTORIE Groß wurde die Stadt Franzburg im Mittelalter durch ein Kloster, das Rügenfürst Witzlaw im 13. Jahrhundert als Ableger des Zisterzienserklosters Altenkamp, dem heutigen Kamp Lintfort am Niederrhein, gründete. Das Kloster wurde während der Reformation säkularisiert, und die Pommern-Herzöge bauten es zu einem prunkvollen vierflügeligen Schloss um – einst das drittgrößte von Pommern, nach den Schlössern in Stettin und Wolgast. Im Dreißigjährigen Krieg wurde es allerdings zerstört. 1660 riss man die Überreste auf Weisung des schwedischen Gouverneurs ab und verwendete die Steine für den Bau seines Palais' in Stralsund. 1876 schließlich wurden die letzten Reste des Schlosses abgetragen.

Das einstige Johannes-Bugenhagen-Gymnasium steht seit 2008 leer.

Langsam werden die alten Mauern von der Natur überwuchert.

Telefonnummer, unter der man Näheres erfahren könnte, nur noch zu erahnen. Zu sehen sind ein Backsteinfundament, vielleicht ein halbes Geschoss hoch, und ein Holzaufbau, von dem noch mehr Wand als Dach erhalten ist. Die wuchernden Büsche und Bäume direkt am und auch im Gebäude verraten, dass es schon eine Weile so hier steht. Vom Weg um das Gebäude bekommt man verschiedene Einblicke und Perspektiven, eine Absperrung existiert nicht. Die Mühle wurde ursprünglich als Bockwindmühle gebaut und später auf Motorbetrieb erweitert. Bilder aus dem Jahr 2004 zeigen das Holzgebäude noch weitestgehend intakt, wenn auch schon mit ersten Anzeichen des Verfalls.

EINE MÜHLE AUF DEM HÜGEL Angelockt hat mich die alte Motormühle auf einer Anhöhe am Ortsrand, etwas oberhalb des Edeka-Marktes. »Zu verkaufen« ist mit weißer Farbe auf die Mauer gepinselt und die

LEHRERSEMINAR UND GYMNASIUM Ein weiteres interessantes Gebäude, das von außen zwar intakt aussieht, aber offenbar schon mehrere Jahre leer steht, ist das alte Lehrerseminar: ein hellroter Backsteinbau

Eines von mehreren ehemaligen Gewerbegebäuden zwischen Franzburg und Richtenberg

an der Hauptstraße. Es wurde 1875 als Ausbildungsstätte für Lehrer gebaut und mit Wohnräumen für das Lehrpersonal und seine Familien ausgestattet. Von 1926 bis 1954 wurde es als Aufbauschule mit Internat für Begabte aus den Volksschulen genutzt, später wieder als Ausbildungsstätte für Lehrer, Erzieher und Kindergärtnerinnen. 1990 wurde es zum Johannes-Bugenhagen-Gymnasium. Seit 2008 steht das unter Denkmalschutz stehende Gebäude leer (wie übrigens auch ein weiteres ehemaliges Schulgebäude in der Nachbarschaft); ein Käufer konnte bisher nicht gefunden werden.

VOR DEN TOREN DER STADT Ein Stück außerhalb des Ortskerns, am Kreisverkehr in Richtung Richtenberg, gibt es schließlich einige leer stehende und teilweise verfallene Gewerbegebäude. Da die Straße »An der Tankstelle« heißt, könnte es sein, dass es sich um eine alte Tankstelle handelt, obwohl die Gebäudereste nicht danach aussehen. Auf einem Teil des Geländes stehen zwei Ziegelsteingebäude. Eines davon sieht recht schlicht aus, es könnte als Lager gedient haben. Die Mauerreste des zweiten Gebäudes zeigen Schmuckelemente aus gelben und roten Ziegelsteinen. Gegenüber stehen auf einem eingezäunten Gelände verlassene Baracken, ein Schornstein und ein Funkmast.

Im Klostergarten

Der Klostergarten des alten Zisterzienserklosters wurde nach mittelalterlichem Vorbild wieder errichtet. Dort sind Beeren, Kräuter, Gemüse, Gewürz- und Arzneipflanzen sowie viele unterschiedliche Obstbäume angepflanzt. In einer Führung erfährt man vieles über den Garten, auch, wie er zu den aktiven Zeiten des Klosters genutzt und gestaltet wurde.

Die alte Bockwindmühle in Franzburg wurde zur Motormühle umgerüstet.

Am Ende der Allee: die Mauerreste eines Klostergebäudes mit sehr langer Tradition

6

MAUERRESTE IM NIRGENDWO

Das Kloster Endingen

Ein gutes Stück vom nächsten Dorf entfernt, an einer holprigen Allee, befinden sich die Überreste eines alten Klosters aus dem 13. Jahrhundert.

Adresse Endinger Weg, 18442 Jakobsdorf, Endingen, Amt Niepars, Landkreis Vorpommern-Rügen **GPS** 54.2448, 12.9020 **Anfahrt** A 20 bis AS Grimmen-Ost, weiter über die B 194 und die Landstraße; oder A 20 bis AS Tribsees und weiter über Landstraße, Abzweig in Höhe Jakobsdorf-Nienhagen

POMMERN ODER SCHWABEN? Endingen? In Vorpommern? Der Name klingt eher nach einem Ort auf der Schwäbischen Alb oder im Schwarzwald. Emmendingen, Tuttlingen, Bahlingen, Endingen. Und tatsächlich gibt es auch ein Endingen am Kaiserstuhl. Dort steht ebenfalls ein ehemaliges Kloster, der Tennenbacher Klosterhof. Doch rund 770 Kilometer Luftlinie in Richtung Nordnordost – das Navi sagt, man brauche gut zehn Stunden für 980 Kilometer Fahrtstrecke – gibt es ebenfalls ein Kloster Endingen. Zumindest die Grundmauern stehen noch. Es befindet sich in Jakobsdorf-Endingen, nicht weit von Stralsund entfernt, im Landkreis Vorpommern-Rügen. Die Klostermauern stehen zwischen weiten Acker- und Wiesenflächen, einige Kilometer von Jakobsdorf entfernt. Die einzige Straße dorthin ist holprig, eine teilweise ungepflasterte, romantische Allee. Hier mögen die Mönche prozessiert oder ihre Eselskarren, beladen mit Klostergütern, zum Markt gefahren haben.

KLOSTERGUT UND LANDJAHRLAGER Das Kloster Endingen wurde im Jahr 1273 erstmals erwähnt. Mönche des Klosters Neuenkamp, im nahen Franzburg gelegen, machten die Gegend urbar und bewirtschafteten die Landflächen. Endingen soll der Landsitz des Abtes von Neuenkamp gewesen sein. Als Pommern im Dreißigjährigen Krieg schwedisch besetzt war, verkaufte König Gustav Adolf das Klostergut an einen Stralsunder Bürger. Zu Beginn des 20. Jahrhunderts war es eine preußische Domäne, und ab 1934 war im Gutshaus ein Landjahrlager eingerichtet. Städtische Jugendliche wurden für ein Jahr dort einquartiert (vielleicht auch kaserniert) und mussten in dieser Zeit auf dem Gutshof arbeiten. Ab 1945 wurden pommersche Flüchtlinge untergebracht. Nachdem die letzte Bewohnerin verstarb, wurde das Haus durch Vandalismus zerstört und 1989 abgetragen. Heute sind vor Ort die Grundmauern aus Ziegelstein des ehemaligen Gutsgebäudes des Klosters freigelegt und weitere Klostersteine zu einem Wall aufgeschüttet. Auf einer Bühne im Park finden noch Musikveranstaltungen und Gottesdienste statt.

STEINZEITLICHE FUNDE Bei Endingen konnte übrigens die älteste Spur menschlicher Siedlungen in Pommern gefunden werden. Vor rund 14.000 Jahren lagerte dort nämlich bereits eine Jägergemeinschaft. Überreste des Pommerschen Riesenhirsches und eines Elchs wurden im Jahr 1899 hinter der Klosteranlage ausgegraben. Eine Infotafel auf dem Gelände weist auf die Funde an diesem Ort hin.

↓ Idyllisch: der Park mit See rund um die Klosterruine
↘ Vom Gutsgebäude des alten Klosters stehen nur noch die Grundmauern.

Musik im Park

Der Park der Anlage wurde teilweise wiederhergestellt. Im Sommer verwandelt sich die beschauliche Grünanlage in eine einzige große Open-Air-Bühne: Auf einer Konzertwiese findet im Juli jährlich das Endinger Parkkonzert statt. Dann gastiert dort das Theater Vorpommern mit konzertanten Aufführungen von Opern oder Operetten – inmitten der Natur erschallen die wunderbaren Klänge der Arie »Nessun Dorma« aus Puccinis Oper Turandot, Melodien aus der »Lustigen Witwe« oder bekannte Highlights aus verschiedenen Musicals. Und das schon seit vielen Jahren. 2019 zählte man bereits die 22. Auflage. Zuletzt musste das Endinger Parkkonzert allerdings – wie so viele Veranstaltungen – aufgrund der Corona-Pandemie pausieren.

Das letzte bewohnte Haus der Anlage wurde 1989 abgerissen.

7

HERRSCHAFTSSITZ MIT APFELZUCHT

Die Wasserburg Divitz

Ein prächtiger Herrschaftssitz mit Obstplantage, das war die Wasserburg Divitz zu ihren Glanzzeiten. Ein Verein pflegt und sichert heute die Anlage, mit Hoffnung auf eine Wiederbelebung.

Adresse Parkstraße 17, 18314 Divitz-Spoldershagen, Amt Barth, Landkreis Vorpommern-Rügen **GPS** 54.3333, 12.6922 **Anfahrt** A20 und A19 bis AS Rostock-Ost, weiter über B 105 bis Löbnitz und dann über Landstraße; oder A 20 bis AS Tribsees und weiter über Landstraße; Busverbindung ab Barth und Ribnitz-Damgarten

Blick über den Wassergraben auf die Wasserburg Divitz mit Nebengebäude

DORF MIT HERRSCHAFTSSITZ Ein kleines Dorf: Vier Straßen und eine Handvoll Häuser, ein Ferienhaus, ein Wasserwerk und eine Bushaltestelle gibt es hier. Am Dorfteich heißt ein Infoschild Besucher »Herzlich willkommen in unserer Tourismusregion«. Das ist Divitz. Die Region ist touristisch, die Stadt Barth in der Nähe und die Boddenlandschaft auch. Sogar einen Flughafen hat der Ort; er gehört aber offiziell auch zu Barth. Doch einst war Divitz ein Herrschaftssitz. Etwas abseits, am Dorfrand, ist sie noch zu sehen, die Wasserburg, der einstige Wohnsitz der rügenschen Adelsfamilie Krakevitz. Die Geschichte der Anlage ist, wie die der meisten Herrenhäuser in Mecklenburg-Vorpommern, eine wechselvolle. Gegründet im 13. Jahrhundert, erbaut von Conrad von Krakevitz, später im Besitz der Ritter von Divitz. Damals war das heute 500 Einwohner zählende Dorf der herrschaftliche Mittelpunkt des Barther Landes, das als festländisches Gebiet den Fürsten von Rügen gehörte. Nach dem Aussterben der Divitzer Linie ging die Anlage in den Besitz der pommerschen Herzöge über. Nach dem Dreißigjährigen Krieg fiel sie an die schwedische Krone. Der schwedische Graf von Lillienstedt baute es zu einem schmucken barocken Herrenhaus um, mit allem, was ein barockes Herrenhaus braucht: einem weiteren Seitenflügel mit zwei Portalen.

Wertvoll: Die Anlage ist ein Stück des europäischen Kulturerbes.

LANDSCHAFTSPARK MIT APFELZUCHT
Im 19. Jahrhundert gelangte die Burg in den Besitz der Familie von Krassow. Sie beauftragte den preußischen Hofgärtner Gustav Meyer damit, einen zwölf Hektar großen Landschaftspark anzulegen. Ab Mitte des 19. Jahrhunderts bewirtschaftete Carl Reinhold von Krassow die Burg. Er züchtete in Divitz neue Obstsorten und verfasste ein

Die Burg war einst Sitz
der rügenschen Adelsfamilie von Krakevitz.

Bald könnte die Anlage wieder
in altem Glanz erstrahlen.

mehrbändiges Lehrbuch der Zoologie, Botanik und Mineralogie. Er war auch Vorsitzender des Gartenbauvereins für Neuvorpommern und Rügen. In der Tradition der Divitzer Apfelzucht steht der jährliche »Appeldag« im Barther Land, bei dem alte heimische Sorten wie der Pommersche Krummstiel oder der Pommersche Schneeapfel präsentiert und sicherlich auch gekostet werden.

EUROPAS KULTURERBE Nach dem Zweiten Weltkrieg wurde das Gebäude als Wohnhaus genutzt, seit 1990 steht es leer. Die Wasserburg befindet sich seit 2015 im Besitz eines Fördervereins. Dieser kann mit bereitgestellten Fördermitteln das Gebäude vor weiterem Verfall schützen und seinen Zustand bewahren. Für den Erhalt des Baudenkmals wurden mehr als 20 Millionen Euro bereitgestellt. Damit scheint mehr als nur die Sicherung der Ruine in Divitz möglich. Die

Europäische Kulturerbe-Organisation »Europa Nostra« zählt die Burg zu den besonders schützenswerten Gebäuden Europas.

VON AUSSEN BETRACHTET Die Anlage kann von außen aus verschiedenen Perspektiven betrachtet werden. Vom Tor aus hat man einen Blick in den Schlosshof und auf die beiden Flügel des Hauptgebäudes. Unter dem abblätternden grauen Putz sind die Ziegelmauern sichtbar. Einige der Fenster sind zugemauert, andere mit neuen Fensterrahmen versehen. Ein Gebäudeteil hat eine Schmuckgiebelfassade, ein Giebeltorbogen führt gegenüber aus dem Burghof heraus. Ein Teil des Daches ist provisorisch ausgebessert. Geht man seitlich an der Burg vorbei, hat man über den Wassergraben einen schönen Überblick über die Burganlage. Ein Weg von dort führt durch die alte Parkanlage zurück in den Ort.

Besuchertage vormerken!

Die Wasserburg Divitz kann mehrmals im Jahr zu offiziellen Anlässen – so zum Beispiel am Tag des offenen Denkmals oder am Tag der offenen Gärten – besichtigt werden. Dann werden Führungen durch das alte Parkgelände angeboten, und auch der Innenhof und einige der Räumlichkeiten sind zugänglich. Der Tag des offenen Denkmals findet immer am zweiten Sonntag im September statt, der Tag der offenen Gärten im Juni. Auch zur sogenannten »Treckeltied«, einer regionalen Veranstaltung in Nordvorpommern, zu der Gutshäuser ihre Gartenpforte öffnen, nimmt die Wasserburg Divitz teil. Diese findet an einem Wochenende im September statt. Die aktuellen Termine werden auf der Internetseite wasserburg-divitz.de/veranstaltungen veröffentlicht.

Überreste eines landwirtschaftlichen Betriebs: Divitz war einst Hochburg der Apfelzucht im Norden.

Wie schmuckvoll das Gutshaus Mittelhof einst war, ist immer noch zu erahnen.

8

EIN KLEINOD, DAS VERFÄLLT

Das Gutshaus Mittelhof wartet auf seine Wiedererweckung

Ein Stück seiner Fassade – von Balken gestützt – steht noch; dennoch kann man die einstige Schönheit des Gutshauses mit seinen Türmen und Erkern bis heute erahnen.

Adresse Dorfstraße 92, 18320 Trinwillershagen, Amt Barth, Landkreis Vorpommern-Rügen **GPS** 54.2682, 12.6866 **Anfahrt** A 19 oder A 20 bis Rostock, B 105 bis Trinwillershagen, dann über Landstraße

EIN KURZER BLICK AUS DER REGIONALBAHN Direkt an der Eisenbahnstrecke zwischen Rostock und Stralsund liegt ein romantisches, doch verfallenes kleines Schlösschen: das ehemalige Gutshaus Mittelhof in Langenhanshagen. Da der Zug so schnell vorbeirast, kann man aber nicht mehr als einen kurzen Eindruck von der Ruine erhaschen. Reste der verzierten Türme und Erker sind erkennbar, eine geschmückte Giebelfassade steht nur noch von Balken abgestützt. Unter dem grauen Putz schauen rote Ziegelsteine hervor. Das Dach ist größtenteils eingestürzt, aus den Fenstern heraus wachsen Büsche und Sträucher. Die ehemalige Schönheit und Pracht dieser Anlage kann man immer noch erahnen, doch eine Renovierung dieses Kleinods scheint mühsam bis unmöglich zu sein.

GESCHICHTE DES VERFALLS Das Gut befand sich Anfang des 20. Jahrhunderts im Besitz der Familie zu Putbus und wurde von

Potemkinsche Fassade: Aus der Regionalbahn ist ein Blick auf den Giebel möglich.

Warten auf den Bus in Langenhanshagen, gegenüber dem Gutshaus

einem Pächter bis 1945 bewirtschaftet. Bis 1983 nutzte man es als Kindergarten und Wohnhaus, doch seitdem steht es leer. Zwar wurde das verfallene Gutshaus zuletzt 2019 verkauft, doch hat sich am denkmalgeschützten Gebäude seither wenig getan. Immerhin schützt ein Zaun die Anlage, Schilder warnen vor dem Betreten und ein Bauwagen deutet an, dass hier einmal Renovierungs- oder zumindest erhaltende Baumaßnahmen geplant waren. Vom Wendeplatz am Ende des Dorfes Mittelhof ist hinter Bäumen und Sträuchern die Fassade zu erkennen. Ein kleiner Weg führt zu Nachbargebäuden, von denen der Blick auf die südliche Fassade möglich ist. Zwei ehemalige Stallgebäude sind erhalten. Sie wurden renoviert und sind heute bewohnt.

EIN ZWEITES GUTSHAUS Auch der Ortskern von Langenhanshagen, der einen Kilometer von Mittelhof entfernt liegt, hat ein altes, leer stehendes Gutshaus aufzuweisen. Es ist ein altes Rittergut, das um 1900 umgebaut wurde. Hier ist die Bausubstanz deutlich besser erhalten. Anfang der 2000er-Jahre wurde es saniert und einige Jahre lang als Ferienwohnung genutzt.

Von der Natur eingerahmt – der seitliche Blick auf das Gutshaus

Die teuerste Grillparty der Republik

In Trinwillershagen, der Gemeinde, zu der Langenhanshagen gehört, kann man sich auf die Spuren der großen Weltpolitik begeben. Im Gasthaus »Zu den Linden« fand 2006 die wohl teuerste Grillparty der Republik statt. Damals hatte Trinwillerhagen hohen Besuch. Geladen hatte niemand Geringeres als die damalige Bundeskanzlerin Angela Merkel, und einer der Gäste war US-Präsident George W. Bush. Es war das Jahr des G-7-Gipfels von Heiligendamm, und die Kanzlerin nutzte die Gelegenheit, um die politische Elite der Welt in ihren Wahlkreis einzuladen … nach Trinwillershagen. Die begleitenden Sicherheitsmaßnahmen hätten 8,7 Millionen Euro gekostet, sagt man (andere Quellen berichten sogar von bis zu 20 Millionen). Zur Sicherung waren 12.500 Polizisten im Einsatz. Die Stimmung im Dorf soll aber sehr gelöst gewesen sein, vielleicht, weil die Gegendemonstrationen vor den Toren von Heiligendamm und im aufbrausenden Rostock weit genug weg waren. Und wann landet schon mal ein Helikopter auf dem Bolzplatz im Dorf?

Das Gutshaus Langenhanshagen, einst ein Rittergut, wurde später als Ferienwohnung genutzt.

9

EIN HERRENHAUS MIT ALTEM KERN

Gutshaus Sommerfeld – Geschichte, grau getüncht

Ein unscheinbares Gebäude, aber von historischem Wert: Sein Mauerwerk verrät, dass die ältesten Teile aus dem 15. Jahrhundert stammen.

Adresse Gartenweg, 18445 Prohn-Sommerfeld, Amt Altenpleen, Landkreis Vorpommern-Rügen **GPS** 54.3658, 13.0020 **Anfahrt** A 20 bis AS Stralsund, B 96 bis Stralsund, weiter über Landstraßen

Von außen unscheinbar, doch Haus Sommerfeld hat eine besondere Geschichte.

Die Giebelfassade des alten Gutshauses sieht etwas prächtiger aus.

INMITTEN VON KLEINGÄRTEN An Stralsund geht es vorbei, ein Stück nach Norden, dann durch die Felder. Am Ende einer kurzen Allee erreicht man Sommerfeld. Das Örtchen Dorf zu nennen, wäre übertrieben, denn es besitzt neben vier Teichen wohl mehr Kleingartenparzellen als Häuser. Dafür hütet es einen Schatz, der aber erst nach und nach sein kostbares Geheimnis preisgibt. Dort, wo die Dorfstraße, die hier Gartenweg heißt, einen Bogen macht, ist zunächst ein grauer Klotz zu sehen. Nicht schmuckvoll, nicht besonders groß, doch offenbar bedeutsam. Er hat eine grau getünchte Fassade, unter der die Backsteine an einigen Stellen herausschauen. An der Seitenfassade befinden sich vier große Fenster und einige kleinere, wie zufällig angeordnet. Die Frontfassade besitzt mehrere Fenster, die durch ihre weißen Fensterkreuze und die Unterteilung in kleinere Parzellen historisch aussehen. Am Mauerwerk ist jedoch zu erkennen, dass sie vor noch nicht allzu langer Zeit eingebaut worden sind. Das Gebäude besteht aus zwei Flügeln, einem offenbar älteren zweigeschossigen mit einer Giebelfassade und einem dreigeschossigen Anbau. Durch die graue Fassade wirkt das Schloss trotz seiner Größe unscheinbar. Und unharmonisch dadurch, dass die beiden Flügel eine unterschiedliche Höhe haben; zudem sind beide Dachabschnitte unterschiedlich geneigt. Der niedrigere der beiden Flügel ist schmuckvoller, er hat ein kleines Eingangsportal und an der Giebelfassade einen Balkon mit eisernem Geländer, der aber nicht zum Verweilen einlädt, möchte man nicht ins Wanken geraten. Das Dach besteht aus Eternit-Wellpappe, es stammt wohl aus einem Sicherungsumbau.

WERTVOLL AUF DEN ZWEITEN BLICK All das wirkt nicht besonders spektakulär. Doch das Landesamt für Kultur- und Denkmalpflege in Mecklenburg-Vorpommern sieht das anders. Es sei eines der ältesten und wertvollsten Herrenhäuser im Land und wurde im Jahr 2011 zum Denkmal des Monats September ernannt. Nähern wir uns also seinem Geheimnis Schicht für Schicht: Die beiden

Neue Türen und Hinweise auf Bautätigkeiten am Eingang

Gebäudeteile bestehen aus massivem, verputztem Backstein. Der niedrigere Westflügel hat im oberen Teil Fachwerk. Der Zementputz stammt aus dem frühen 20. Jahrhundert. Der höhere Ostflügel zeigt noch Reste von barocken Fenstern, neuere Fenster stammen von einem Umbau zu Beginn des 19. Jahrhunderts. Zu dieser Zeit hatte die Familie von Schaevenbach das Schloss erstanden und das Gut bis 1945 bewirtschaftet. Soweit sind für das geschulte Auge der Landesdenkmalpflege die Umbauten von außen erkennbar. Für die ältere Geschichte ist aber ein noch genauerer Blick nötig. Das Mauerwerk des höheren Ostflügels ist hier verräterisch, insbesondere das Maß seiner Ziegelsteine im sogenannten Klosterformat. Ein weiterer Hinweis auf seine Entstehung ist die Anordnung der Ziegelsteine in der Mauer, der Verband. Die Denkmalpflege spricht von einem »Läufer-Läufer-Binder-Verband« und kommt zu folgendem Schluss: Ein Backsteinbau von acht mal zwölfeinhalb Meter Abmessung stand hier vermutlich bereits im Jahr 1500. Es war als dreigeschossiges »Festes Haus« im schwedischen Gebäudekataster aus dem späten 17. Jahrhundert verzeichnet. Das Besondere daran ist, dass es eines der wenigen erhaltenen Wohnhäuser des Adels in Mecklenburg-Vorpommern aus der Zeit des Mittelalters ist – und damit ist es alt und wertvoll, obwohl es heute grau und nicht mehr prachtvoll auf uns wirkt.

NEUER BESITZER MIT UMBAUERFAHRUNG Seit einem Umbau im Jahr 1989 steht es leer. Eine Nutzung als Hotel und Restaurant ist vor 2011 daran gescheitert, dass sich im ehemaligen Schlosspark Kleingartenkolonien befinden. Doch hat sich 2019 erneut ein Besitzer gefunden, der die Anlage behutsam zu erhalten und auszubauen plant – ein deutsch-dänisches Ehepaar, das bereits ein altes Gutshaus im Landkreis Rostock erfolgreich saniert hat und dort Ferienwohnungen betreibt.

Eintauchen in vergangene Zeiten

»Eine schräge, kleine Traumwelt aus versunkenen Zeiten, aufmerksam und detailverspielt«, so versprechen es die Gastgeber. Das oben erwähnte deutsch-dänische Ehepaar hat das Gutshaus Rensow umgebaut. Beim Aufenthalt in den liebevoll und aufwendig zu Ferienappartements umgebauten Gebäuden – dem alten Gutshaus, der alten Schule oder der alten Apotheke – kann diese Welt entdeckt werden. 30 Kilometer südöstlich von Rostock gelegen, gibt das Gutshaus Rensow einen Vorgeschmack darauf, wie das Gutshaus Sommerfeld in Zukunft möglicherweise auch aussehen könnte (gutshaus-rensow.de).

Alter Schwede:
Der Klosterstein macht dieses Gutshaus einzigartig.

Imposanter Blick: Einige Speicherhäuser am Stralsunder Hafen harren noch der kommenden Bestimmungen.

10

IM NAMEN DER HANSE – VIEL STAURAUM AM SUND

Speichergebäude auf den Hafeninseln Stralsund

Eine beeindruckende Kulisse bietet der Alte Hafen von Stralsund. Viele der alten Speichergebäude haben inzwischen eine neue Nutzung gefunden, einige harren aber noch ihrer künftige Bestimmung.

Adresse Hafenstraße 16, 18439 Stralsund, Landkreis Vorpommern-Rügen
GPS 54.3138, 13,0992 **Anfahrt** A 20 bis AS Stralsund, B 96 bis Stralsund; direkte Zugverbindungen ab Hamburg und Berlin

HAFENSTIMMUNG AM STRELASUND

Die erste Reihe am alten Hafen in Stralsund ist beeindruckend: Speichergebäude unterschiedlichster Bauart aus verschiedenen Jahrhunderten, heute mit unterschiedlichster Nachnutzung – nur als Lagerraum wird keines mehr genutzt. Wenn man die Hafenstraße entlangspaziert, kommt man an mehreren herausgeputzten Speichergebäuden vorbei, die ein Hotel, Restaurant, eine Cocktailbar oder ein Skurrilitätenmuseum beherbergen, und in ihrer Mitte sticht der moderne Bau des Meeresmuseums »Ozeaneum« heraus. Gegenüber liegt Deutschlands größte Insel, Rügen, in der Ferne sind die Rügenbrücke, die Werft und Hafenkräne zu sehen. Das größte dieser Speichergebäude hat eine eher moderne Fassade, schlichte Ziegelsteine, Betonelemente, metallene Lüftungsschlitze. Den älteren Hafenspeichern sieht man die hanseatische Tradition und die Jahrhunderte noch an. Ein weiteres, noch leer stehendes

Das alte Lotsenhäuschen wird schon umgebaut.

Der größte der leer stehenden Speicher wurde 1912 errichtet.

Gebäude ist das alte Lotsenhaus auf der Hafeninsel. Bei meinem Besuch war es allerdings schon mit einem Gerüst umgeben, das wohl auf eine baldige Nutzung hinweist. Aber abgesehen von den Bauzäunen ist die Atmosphäre dort am Hafen ganz besonders. Der Dreimastsegler »Gorch Fock« hat hier sein Heimatdock, die Speichergebäude strahlen den Charme aus Hansezeiten aus. All das lässt einen erwarten, dass hier gleich drei betrunkene Seebären den Kai entlangtaumeln und Shantys singen, schief, aber laut.

AUSBAU MIT BAHNANSCHLUSS Eigentlich sind die Speicher und die Hafeninsel aber noch gar nicht so alt. Die Hafeninsel wurde im Zuge der Hafenerweiterung Mitte des 19. Jahrhunderts künstlich aufgeschüttet. Genutzt wurde dafür das Material, das beim Aushub der Festungsgräben der Stadt anfiel. Dabei entstanden die Kanäle, die heute das Gesicht des alten Hafens prägen. In den 1860er-Jahren wurde der erste Speicher gebaut und gleich mit einem Eisenbahnanschluss versehen. Der große Speicher auf der Südinsel wurde 1912 bis 1914 als verputzter Skelettbau errichtet, an der Südseite ist jedoch die Ziegelwand sichtbar. Die beiden größeren Backsteinspeicher auf der Nordinsel stammen aus den 1930er- und 1940er-Jahren. Eine endgültige Nutzung ist für viele der Speichergebäude noch nicht gefunden. Dennoch sind sie mit eindeutigen Hinweisschildern versehen – ein Eindringen dort ist nicht erwünscht.

STARKBIER FÜR DIE HANSE Stralsund wurde mit der Schifffahrt und dem Handel im Hanseverbund groß und mächtig. Die einstige Slawensiedlung exportierte im Hanseverbund landwirtschaftliche Erzeugnisse, aber auch das flüssige Gold, das rund 170 Brauereien gegen Ende des 16. Jahrhunderts in der Stadt herstellten. Vor allem das Starkbier war im Ausland sehr gefragt. Im Gegenzug wurden Fisch, Salz, Gewürze und

Viel Luft nach oben: Das imposante Speichergebäude bot einst Platz für jede Menge Handelsware.

Eine Landmarke auf der Hafeninsel: der Speicher, vom Langenkanal aus gesehen

Wein per Schiff nach Stralsund eingeführt. Seit 2002 gehört Stralsund, gemeinsam mit der mecklenburgischen Hansestadt Wismar, zum UNESCO-Weltkulturerbe.

Parkhaus-Panorama

Parken Sie mit dem Auto im Parkhaus am Langenkanal (Parkhaus Ozeaneum) und fahren Sie bis ganz hoch auf die zehnte Ebene. Oder gehen Sie zumindest einmal bis ganz nach oben. Von hier haben sie einen wunderbaren Blick über die Hafeninseln, die Kanäle, die Gastroschiffe und Gaststätten an den Kanälen. Auch der Blick über den Sund nach Rügen ist fantastisch, die Rügenbrücke und die Werft mit dem Werfthochhaus (s. Seite 58) sind von hier bestens zu sehen. Und die Altstadt von Stralsund mit ihren Kirchtürmen wirkt fast wie auf einer historischen Ansichtskarte.

Die Tür ist verriegelt, das Betreten nicht erwünscht.

11

ARBEITSPLATZ MIT INSELBLICK

Das Werfthochhaus Stralsund

Bislang keine Werbefläche, kein Panoramarestaurant. Mit Paternoster und im Boden verlegten Stromanschlüssen war es einst das modernste Hochhaus der DDR, doch seit 2003 gibt es keine Verwendung mehr dafür.

Ort An der Werft, 18439 Stralsund, Landkreis Vorpommern-Rügen **GPS** 54.3025, 13.1052
Anfahrt A 20 bis AS Stralsund, B 96 bis Stralsund; direkte Zugverbindungen ab Hamburg und Berlin

Aus der Ferne wirkt es klein, das Werfthochhaus vor der Werfthalle, ...

GLASQUADER MIT POTENZIAL 8500 Quadratmeter Nutzfläche, elf Stockwerke, ein 42 Meter hoher Quader mit Glasfront, Seeblick. In weniger als fünf Minuten ist man zu Fuß an der Ostsee, wenn auch nur am Strelasund, der zwischen Rügen und dem Festland liegt. Eine gute Verkehrsanbindung ist ebenfalls gegeben, die Regionalbahn hält gleich um die Ecke. Das Hochhaus wurde 1974 als Verwaltungsgebäude der Volkswerft Stralsund gebaut. Seinerzeit war es das modernste Hochhaus der DDR, seit 2003 stand es aber leer und wurde 2014 zuletzt versteigert. Das Mindestgebot waren 19.000 Euro, der Hammer fiel bei 127.000 Euro. Eigentlich ein Traumpreis angesichts der Lage, würde man denken. Was wäre mit dieser Immobilie alles möglich?

PROBLEMATISCHE LAGE? Das Dresdener Ingenieurbüro, das den Zuschlag für die Immobilie erhielt, beschäftigt sich mit der Planung und Bauausführung von Wohn- und Geschäftshäusern, Eigentumswohnungen, Ferienimmobilien sowie Gewerbegebieten. Davon käme auch an diesem Standort sicherlich vieles infrage. Konkret wurde bisher jedoch nur die Idee kommuniziert, eine zusätzliche Etage mit Panoramarestaurant auf das Hochhaus zu setzen. Ein Bauantrag für eine große Werbetafel wurde bei der Stadt hingegen wieder zurückgezogen. Also doch keine Ferienwohnungen, kein Hotel in dieser Traumlage? Nun, vielleicht ist die Verkehrsanbindung »zu gut«. In Höhe des sechsten Stockwerks, wenige Meter vom Haus entfernt, verläuft eine vierspurige Bundesstraße, die B 96, die zur Rügenbrücke führt. Und wenn man zu Fuß den Strelasund erreicht, steht man direkt neben einer riesigen Werfthalle. Auf der Fahrt über die Rügenbrücke, kurz bevor man den Strelasund überquert, hat man einen guten Überblick über das große Areal. Die historische Altstadt von Stralsund liegt auf der linken

... doch aus der Nähe überragt es scheinbar sogar die Rügenbrücke.

Seite, sie gehört zum UNESCO-Weltkulturerbe. Vorn ist die Insel Rügen, die größte deutsche Insel, zu sehen, und auf der rechten Seite die Werfthalle mit ihrer bewegten Geschichte.

DER SCHIFFBAU IN STRALSUND Bis April 1945 wurden in dieser Werft in Stralsund Schiffe für den Einsatz im Zweiten Weltkrieg gebaut. Ab 1948 war sie ein volkseigener Betrieb – die VEB Volkswerft Stralsund –, die 1979 dem Kombinat Schiffbau Rostock unterstellt wurde. In den 1980er-Jahren gehörte die Werft mit 8400 Beschäftigten zur Weltspitze beim Bau von Fischereischiffen. So wurde beispielsweise der Gefriertrawler-Seier Typ »Atlantic 333« hier mithilfe von Schweißrobotern gefertigt. Nach 1990 brach der Absatzmarkt weg, vor allem in den sozialistischen Ländern Osteuropas. Zu den späteren Eignern gehörten unter anderem

Drehort für den Stralsund-Krimi und einst das modernste Hochhaus der DDR

die Bremer Vulkan Gruppe und der dänische Schiffsmagnat Møller-Maersk. Der Zusammenschluss mit den Werften in Wismar und Warnemünde unter dem Namen »MV Werften« in Händen eines chinesisch-malayischen Besitzers hielt bis 2022, dann musste Insolvenz eingereicht werden. Die zuletzt noch 300 Beschäftigten wechselten in eine Transfergesellschaft, und die Stadt Stralsund erwarb einige Gebäude und Flächen mit der Absicht, sie zu einem maritimen Industrie- und Gewerbepark zu entwickeln.

DREHORT FÜR DEN STRALSUND-KRIMI

Ob dabei auch dem markanten Werfthochhaus neues Leben eingehaucht wird oder ob es doch ganz weichen muss, ist noch ungewiss. Mehrfach wurde versucht, das Haus unter Denkmalschutz zu stellen – ohne Erfolg, wohl um die Hürde für eine Übernahme durch einen Investor nicht zu hoch anzusetzen. Die Kosten für eine Sanierung des Werfthochhauses werden mit einem zweistelligen Millionenbetrag veranschlagt. Nur hin und wieder zieht doch Leben ein, etwa wenn es als Kulisse für die ZDF-Krimiserie »Stralsund« mit Katharina Wackernagel benötigt wird.

Hafenrundfahrt

Die Weiße Flotte Stralsund bietet ab dem Stadthafen Stralsund maritime Rundfahrten um die Insel Dänholm an. Die Fahrt bietet vom Wasser aus eine gute Sicht auf die Hansestadt, führt an der Werft, dem Ozeaneum und am Segelschulschiff »Gorch Fock« vorbei. Auch die Rügenbrücke ist aus einer einmaligen Perspektive besonders gut zu sehen. Jährlich im Oktober findet ein Volkslauf über diese Brücke statt, Strecken zwischen sechs Kilometern und dem Marathon sind im Angebot.

Blick auf das ehemalige Bahnbetriebswerk Stralsund; im Hintergrund zwei Ringlokschuppen

12

DREI SCHUPPEN FÜR DIE DAMPFLOK

Ehemaliger Knotenpunkt Bahnbetriebswerk Stralsund

Von Eisenbahnromantik findet sich hier keine Spur. Drei Ringlokschuppen verfallen auf dem Gelände des ehemaligen Bahnbetriebswerkes Stralsund.

Adresse Knöchelsöhren, 18439 Stralsund, Landkreis Vorpommern-Rügen
GPS 54.3001, 13.0840 **Anfahrt** A 20 bis AS Stralsund, B 96 bis Stralsund; direkte Zugverbindungen ab Hamburg und Berlin

KINDHEITSERINNERUNGEN Ringlokschuppen mit Drehkreuz und Wasserturm – bei diesen Worten schlagen viele Herzen höher, da dampft in Gedanken die alte Tenderlokomotive mit dunkelgrünen Personenwagen der Reichsbahn ihre dunklen Wolken in die Luft. Es zischt und faucht und quietscht, Erinnerungen an die eigene Modelleisenbahn werden wach: die Lieblingslok behutsam aus dem Kasten heben, die Räder der verschiedenen Achsgruppen vorsichtig aufs Gleis setzen, es folgt Waggon um Waggon, und schließlich beginnt die Reise über Brücken und durch Tunnel oder einfach nur um die ausgelegte Runde auf dem Fußboden. Ein Tröpfchen Dampföl, das still verraucht, ist das höchste der Gefühle.

EIN UNDICHTER UNTERSCHLUPF Von dieser perfekten Eisenbahnromantik aus Kinderzeiten hat das Bahnbetriebswerk am Stralsunder Hauptbahnhof wenig, auch wenn die Bögen der Ringlokschuppen den kleinen Modellen noch in etwa gleichen. Die Form ist erkennbar, doch wo einst Drehscheiben die Fahrzeuge auf ihren Stellplatz für den Feierabend leiteten, wuchern nun Sträucher. In den Dächern klaffen große Löcher, teilweise ist der Dachstuhl ausgebrannt. Die Fenster sind mit Brettern verschlossen, und an den Backsteinmauern erzählen große Graffitis von unerwünschten Besuchen. Das Gelände ist nicht zugänglich, jedoch von zwei Seiten einsehbar: von der Straße links und rechts der Bahngleise. Und natürlich auch bei der Vorbeifahrt mit dem Zug, am besten, wenn Sie einen Fensterplatz in Richtung Westen gewählt haben, also kurz vor Ankunft im Hauptbahnhof Stralsund, vom

Stralsund wurde zum Drehkreuz der Eisenbahn zwischen Berlin, Rügen und Schweden.

Süden oder von Rügen kommend, auf der linken Seite in Fahrtrichtung sitzen (oder in der Gegenrichtung rechts). Nicht zuletzt vom fahrenden Auto aus ist ein kurzer Blick auf das Gelände möglich, direkt von der Straßenbrücke der Bundesstraße 96. Die Brücke zu Fuß zu betreten, ist leider nicht erlaubt.

STRALSUNDER EISENBAHNHISTORIE

Stralsund war in der zweiten Hälfte des 19. Jahrhunderts ein wichtiger Eisenbahnknotenpunkt. 1863 wurde von der Berlin-Stettiner Eisenbahn-Gesellschaft die Strecke Angermünde–Stralsund eröffnet, 1878 die Nordbahn von Berlin über Neubrandenburg nach Stralsund. Die Verbindung nach Sassnitz – und damit über den Fährhafen nach Schweden – kam 1891 hinzu. Von dort wurden ab 1903 Eisenbahnfähren eingesetzt. Die drei Ringlokschuppen wurden 1879, 1891 und 1921 in Betrieb genommen und der nördlichste, zunächst mit vier Stellplätzen und einer Reparaturwerkstatt ausgestattet, bereits 1883 auf 14, später sogar auf 19 Stellplätze vergrößert. Der zweite Lokschuppen war mit einer 16-Meter-Drehscheibe und ebenfalls 19 Ständen ausgestattet, und der südlichste war vor allem für Schnellzuglokomotiven gedacht. Er liegt südlich der B 96 und hatte 21 Stellplätze. Seine 20-Meter-Drehscheibe wurde 1940 durch eine Scheibe mit einem Durchmesser von 23 Metern ersetzt. Bis 1967 wurden ausschließlich Dampfloks ab Stralsund eingesetzt, die in den Folgejahren allerdings von Dieselloks sowjetischer Baureihen ersetzt wurden. Die letzte Dampflok begann ihre Reise von hier, zumindest für den regulären Einsatz, im Mai 1980. Genutzt wurde das Bahnbetriebswerk aber noch bis ins Jahr 2001. Das Gelände gehört der Stadt Stralsund, die das Areal entwickeln will. Ein Förderverein Lokschuppen Stralsund setzt sich für seine Nutzung mit Schwerpunkt Eisenbahngeschichte und -technik ein. Übrigens: Ein südlicher gelegenes Pendant ist das Bahnbetriebswerk in Neubrandenburg. Seine Geschichte ist im Buch »Lost & Dark Places Mecklenburg« beschrieben.

Auch die Nachbargebäude am Bahnweg sind nicht mehr in Schuss.

Der »Rasende Roland«

Nicht weit von Stralsund entfernt, auf der Insel Rügen, ist noch ein echtes Dampflokerlebnis erfahrbar. Der »Rasende Roland« ist im Einsatz der Rügenschen Bäderbahn auf der Schmalspurstrecke von Lauterbach über Putbus, Binz und Sellin nach Göhren unterwegs. Fünf unterschiedliche Dampflokomotiven mit Baujahren von 1914 bis 1953 sind im Einsatz. Die Waggons stammen ebenfalls aus alten Zeiten: Sie wurden zwischen 1907 und 1928 gebaut und in den 1970er-Jahren gründlich modernisiert. Wenn die Lokomotive über die Insel dampft und faucht, ist ein historisches Bahnerlebnis garantiert. In der Wintersaison fahren die Züge alle zwei Stunden, im Sommer stündlich, allerdings nicht auf allen Streckenabschnitten.

Wohin geht die Reise? Noch ist nicht entschieden, was mit dem alten Bahngelände passiert.

13

HALBINSEL MIT GESCHICHTE

Die Ziegelei Devin und das Übungsgelände am Sund

Der Blick nach Stralsund und Rügen ist fantastisch, doch findet man auch Spuren unterschiedlicher Nutzung auf der Halbinsel Devin.

Adresse Bungalowsiedlung, 18439 Stralsund, Landkreis Vorpommern-Rügen **GPS** 54.2687, 13.1587, **GPS Parkplatz** 54.2689, 13.1718 **Anfahrt** A 20 bis AS Stralsund, B 96 Devin, weiter über Greifswalder Chaussee und Dorfstraße bis Devin; Busverbindung ab Stralsund Hauptbahnhof und Innenstadt bis Devin, 2,5 Kilometer Fußweg

Die Tür ist verschlossen, nur für Fledermäuse steht ein Spalt offen.

SCHAFE UND ERDWÄLLE Die Halbinsel Devin, die zur Hansestadt Stralsund gehört, ragt einige Kilometer in den Strelasund hinein. Nachmittags funkelt die Sonne über dem Wasser zwischen den Türmen der Altstadt und dem Grün der Halbinsel. Von der Spitze aus scheint die Insel Rügen zum Greifen nah. Heute ist der nördliche Teil des Devin ein Naturschutzgebiet, auf dem Schafe die sanften Hügel begrasen. Doch der Ort hat in den zurückliegenden Jahrhunderten eine wechselvolle Geschichte erlebt. Unter zwei Regimen war er militärisches bzw. polizeiliches Übungsgelände. Landwirtschaft, Weideviehhaltung und Tonabbau gab es hier über lange Zeit. Letzterer und der Umbau der Insel zu einem Übungsgelände haben ihre Spuren hinterlassen. Vor allem die charakteristischen Erdwälle fallen auf, die wohl bei der Anlage der Wege für Militärfahrzeuge entstanden sind. Von 1811 bis 1920 wurde der Ton gleich an Ort und Stelle verarbeitet. Auf Devin stand eine Ziegelei, deren Grundmauern heute noch teilweise im Wald zu erkennen sind. Die Gebäude der Ziegelei wurden 1960 gesprengt und abgetragen, nachdem der Devin vom Ministerium des Innern der DDR für die Volkspolizei konfisziert wurde. Anlass für die Übernahme war die Weigerung des Besitzers Bruno Eichmann, sich mit seiner Weidewirtschaft der LPG anzuschließen. Stattdessen war er 1957 in die Bundesrepublik geflüchtet. Vor dem Zweiten Weltkrieg nutzte die Wehrmacht das Terrain als Übungsgelände. Von 1962 bis 1989 trainierten hier Spezialeinheiten der Volkspolizei für den Einsatz. In dieser Zeit wurde auch Landwirtschaft auf Devin betrieben. Bis zu 400 Kühe beweideten die Halbinsel, und seit 1992 auch Schafe.

MAUERN IM WALD, BAUMWURZELN IN DER LUFT Über eine holprige Straße vom Dorf Devin kommt man zu einem Wanderparkplatz. Folgt man dem Rundweg am östlichen Ufer entlang, stößt man auf die Ruinen der Ziegelei, noch bevor man die östliche Spitze der Halbinsel erreicht. Zunächst fällt eine Ziegelwand auf, die hinter mehreren Bäumen steht. Die Mauer umfasst ein Areal von etwa 20 mal 30 Metern und zeigt den Standort der Ziegelei sowie möglicherweise von Kanälen für die Wasserzuleitung. Bemerkenswert sind einige Bäume, deren Wurzelwerk sich einst um Mauern geschlungen hat, die nun aber in der Luft zu wurzeln scheinen, da einige Steine weggebrochen sind. In der Mauer aus Feld- und Ziegelsteinen, befindet sich über einer kleinen Metalltür eine Öffnung im Mauerwerk. Diese deu-

Bizarre Wurzeln hat dieser Baum geschlagen; die Mauer, um die er wachsen musste, ist inzwischen verschwunden.

tet daraufhin, dass die Ziegelei bewohnt ist. Die Öffnung ist offenbar eine Ein- und Ausflugschneise für Fledermäuse. Ein großer Ringofen, ein Flammofen, ein Doppelofen, eine Schlammmaschine, Trockenscheunen und Kohlenschuppen gehörten einst zur Ziegelei. Am Ufer gab es auch einen Lade- und Landeplatz für den Abtransport der Waren per Schiff.

NATURSCHUTZGEBIET FÜR KÜSTENVÖGEL Der nördliche Teil der Halbinsel Devin mit einer Größe von 106 Hektar steht heute unter Naturschutz. Das Gebiet ist ein wichtiger Brut- und Rastplatz für Vögel. Die seltenen Vogelarten Brandgans, Mittelsänger und Raubwürger brüten hier. Die Flachufer sind Rast- und Schlafplätze für Watvögel, Enten, Gänse und Kormorane. Der Förderverein für Landschaft und Naturschutz Devin e.V. pflegt das Areal, dokumentiert seine Entwicklung und organisiert Führungen.

Kleine Wanderung

Der ausgewiesene Wanderweg durch das Naturschutzgebiet Devin hat eine Länge von vier Kilometern. Hier kann man, begleitet von Schafen, schmale Pfade und eine Kopfweiden-Allee entlangspazieren. Devin bietet vieles der Ostseelandschaft im Kleinen – einen Sandstrand, eine Steilküste und den 19 Meter hohen Bakenberg. Von dort kann man auf einer Bank eine wunderbare Aussicht auf die Türme von Stralsund genießen, auf das große Werftgebäude, die Rügenbrücke und natürlich Deutschlands größte Insel selbst.

Auf dem früheren Übungsgelände der Volkspolizei grasen heute Schafe.

Die Grundmauern der alten Ziegelei stehen noch, bis 1920 wurden hier Ziegel gebrannt.

Im VEB Ziegelwerk Grimmen qualmte einst der leistungsstärkste Ziegelofen der DDR.

14

LEICHTZUSCHLAGSTOFFE AUS DER TONGRUBE

Das VEB Ziegelwerk in Grimmen

Ein großes Speichergebäude und ein Ziegelbau mit Schornstein, in dem Millionen von Ziegeln produziert wurden. Dennoch hatte die Ziegelei keine Zukunft.

Adresse Stralsunder Straße 8, 18507 Grimmen, Landkreis Vorpommern-Rügen **GPS** 54.1214, 13.0445 **Anfahrt** A 20 bis AS Grimmen-Ost, B 94 bis Grimmen; Zugverbindungen ab Stralsund, Neubrandenburg und Neustrelitz

DER LEISTUNGSFÄHIGSTE OFEN IM LAND Sieben Millionen Ziegel in einem Jahr – so viel stellte das Ziegelwerk Grimmen in den späten 1980er-Jahren her. Der erste Plattentunnelofen der DDR war mit 53 Meter Länge der leistungsfähigste seiner Art landesweit. Er konnte alle zweieinhalb Stunden aus 1245 Tonrohlingen Ziegelsteine brennen. Die Methode war sehr speziell: Es wurden Ziegel aus Blähton hergestellt, da die kalkhaltige Grimmener Tonerde sich besonders dafür eignete. Eine Lorenbahn beförderte den Rohstoff aus einer Tongrube am Ortsrand herbei, und zwar noch bis 1990. Danach stand der Betrieb still. Während der DDR hieß das Werk VEB Ziegelwerk Grimmen, VEB Klinkerwerk Grimmen und VEB Leichtzuschlagstoffe Grimmen. Doch die Geschichte des beeindruckenden Backsteinbaus an der Bundesstraße nach Stralsund begann einige Jahre früher.

VOM PFERDEFUHRWERK ZUM BAHNANSCHLUSS Gebaut wurde es als Dampfziegelei Carl Leitner am Grimmener Schützenplatz, wo wenige Jahre später 1896 der zentrale Güterbahnhof von Grimmen gebaut wurde. Die Ziegeleibetreiber freute es, denn der aufwendige Transport zum zwei Kilometer entfernten Bahnhof Grimmen per Pferdefuhrwerk entfiel damit. Die erste Ziegelbrennerei in Grimmen war einige Jahre zuvor in der Nähe der ergiebigen Tongrube gebaut worden. Eine Modernisierung auf größere Brennöfen hatte den Umbau und Umzug der Ziegelei notwendig gemacht. Durch die günstige Lage entwickelte sich die Ziegelei prächtig. Es wurde ein Speicher für 3000 Tonnen Ziegelsteine gebaut, und

Der Leerstand des Gebäudes seit 1994 hat deutliche Spuren hinterlassen.

die Produktion stieg auf drei Millionen Ziegelsteine pro Jahr an. Das Werk wurde weiter ausgebaut, es entstand ein zweiter Ringofen mit einem zweiten Schornstein. Nach 1945 wurden Teile der Fabrik als Reparationsleistungen durch die sowjetische Besatzung beschlagnahmt. Doch da Ziegelsteine weiterhin dringend benötigt wurden, baute man eine neue Produktionsanlage. An der wechselhaften Namensgebung des Betriebs ist ersichtlich, dass hier zunächst Ziegel, später Klinker und andere Leichtbaumaterialien, nämlich Ziegel aus Blähton, erzeugt wurden. Das ist eine leichtere Form des Ziegelsteines, der einen höheren Luftanteil enthält, ähnlich den Steinchen der Hydrokultur.

KEIN INVESTOR FÜR BLÄHTONZIEGEL

Nach 1989 wurde durch die Treuhandgesellschaft versucht, die Ziegelei zu privatisieren und den Standort zu erhalten. 1990 gründete man dafür die Norddeutsche Blähton GmbH mit 145 Mitarbeitern. 1991 wurde sie für 100 D-Mark an einen schwedischen Investor verkauft, mit der Auflage, dort sieben Millionen D-Mark zu investieren und 120 Arbeitsplätze zu erhalten. Die Belegschaft wurde aber schnell auf 50 reduziert, Investitionen blieben aus, die Ziegelei schrieb rote Zahlen. Daraufhin zahlte das Land Mecklenburg-Vorpommern weitere Fördergelder und bürgte für Kredite. 1994 kam es dennoch zum Konkurs, dem Land blieb ein Verlust von mehreren Millionen D-Mark. Ein Jahr

↓ Blick über den Zaun auf das Nachbargelände

↘ Errichtet um 1890 als Dampfziegelei Carl Leitner

Der Bahnanschluss kam 1896, es entstand ein Speicher für 3000 Tonnen Ziegelsteine.

später wurde erneut versucht, die Produktion von Blähtonziegeln in Grimmen aufrechtzuerhalten, doch sollte nun nicht das alte Werk saniert, sondern ein neues errichtet werden. Dafür musste ein neuer Investor her. Dieser, so berechnete man, sollte 66 Millionen D-Mark mitbringen. Die Suche blieb aber erfolglos, denn es gab aus Grimmen nach 1989 noch kein marktfähiges Produkt. 1997 kam es zur Zwangsversteigerung. Ein Lehmbaumeister erwarb zunächst die Tongrube, einen Tag später auch die alte Ziegelei. Beteiligte Banken lehnten den zweiten Kauf allerdings ab; der Lehmbaumeister klagte … erfolglos. Auch ein Untersuchungsausschuss des Landtages konnte die Gründe dafür nicht aufklären. 1998 wurde die Ziegelei erneut versteigert, den Zuschlag bekam eine Grundstücksgesellschaft, die jedoch auf dem Gelände in den Folgejahren untätig blieb. Was blieb, ist die Ruine. Doch nun ist es beschlossene Sache: Die alte Ziegelei wird abgerissen. Da diese Arbeit aber wohl die nächsten Jahre in Anspruch nehmen wird, bleibt noch etwas Zeit, die Ruine zu besichtigen.

In unmittelbarer Nachbarschaft

Die alte Ziegelei liegt direkt neben der Bundesstraße 194 in Richtung Norden. Das mächtige rote Backsteingebäude mit seinem Schornstein und den hohen Fenstern ist beeindruckend. Auch wenn der Zugang auf das Gelände versperrt ist, bekommt man doch von der Straße und dem alten Bahnhofsgelände einen guten Einblick. Darüber hinaus sind außerdem auf den Nachbargrundstücken alte Industrieanlagen zu sehen. Im alten Speichergebäude befindet sich heute eine Flohmarkthalle. Und auch Teile der alten Bahnanlage sind noch vorhanden.

15

KILOMETERHAUS DER »FREUDE FÜR DAS VATERLAND«

Das Ostseebad Prora

Eigentlich sollte ein Badeort für 20.000 Gäste entstehen. Doch das längste Bettenhaus der Welt wurde nicht vollendet.

Adresse Strand Nordstrand, 18609 Binz-Prora, Gemeinde Binz, Landkreis Vorpommern-Rügen **GPS Strand** 54.4578, 13.5674

Adresse Block 5 Fünfte Straße, 18609 Binz-Prora **GPS Block 5** 54.4496, 13.5699

Adresse Dokumentationszentrum Dritte Straße 4, 18609 Binz-Prora **GPS Dokumentationszentrum** 54.4387, 13.5731

Anfahrt A 20 bis AS Stralsund, B 96 und B 196 bis Grimmen; Zugverbindungen ab Stralsund und Rostock

Hier wird gebaut: Block 5 ist der nördlichste der genutzten Blöcke des Ostseebades Prora.

Bereits renoviert: In Block 4 sind Wohnungen und Ferienwohnungen entstanden.

ACHT GEBÄUDEFRONTEN, JEDE 500 METER LANG Wenige Meter vom traumhaften Sandstrand der Insel Rügen entfernt, zwischen Sassnitz und dem Ostseebad Binz, sollte das größte Bettenhaus der Welt entstehen. 20.000 Badegäste sollten sich dort erholen … so planten es die Nationalsozialisten nur kurz nach ihrer Machtergreifung. Es hieß »Kraft-durch-Freude-Seebad Rügen« und sollte dazu dienen, dem deutschen Volk Erholung zu verschaffen und es nervenstark zu machen für den kommenden Krieg. Mehrere dieser Ferienkomplexe waren entlang der Ostseeküste vorgesehen, Prora auf Rügen blieb jedoch der einzige, mit dessen Bau tatsächlich 1934 begonnen wurde. 1939 waren sieben Blöcke vollendet. Eigentlich sollten es acht Gebäudeblöcke werden und in der Mitte ein zentraler Festplatz mit Hafen – insgesamt wäre das neue Seebad also fast fünf Kilometer lang geworden. Trotz der Unterteilung in Blöcke gilt es als das längste Gebäude der Welt. Mit Lücken ist heute noch eine Länge von 3,7 Kilometern zu bestaunen. Drei Kilometer davon – die fünf intakten Blöcke – werden ganz unterschiedlich genutzt: von Eigentumswohnungen bis zu Hotels, Restaurants; sogar eine Jugendherberge ist dort untergebracht. Ein Teil des nördlichsten Blocks steht hingegen nur noch als Ruine und Mahnmal.

ERHOLUNG FÜR DAS VATERLAND Die Organisation »Kraft durch Freude« wurde 1933 als Teil der Deutschen Arbeiterfront gegründet. Ziel war die Bildung einer »Volks- und Leistungsgemeinschaft aller Deutschen«. Sie sollte dafür sorgen, »dass jeder Einzelne seinen Platz im wirtschaftlichen Leben der Nation in der geistigen und körperlichen Verfassung einnehmen kann, die ihn zur höchsten Leistung befähigt und damit den größten Nutzen für die Volksgemeinschaft gewährleistet«. Die Organisation

Als Ruine erhalten: Block 6 bietet einen guten Einblick in die einzelnen Etagen.

war unter anderem mit dem »Amt für Reisen, Wandern und Urlaub« der größte Reiseveranstalter in der Zeit des Nationalsozialismus. Vor Ort wurden unter diesem Gesichtspunkt zahlreiche Angebote wie Schwimmlehrgänge, Gymnastik, Nähkurse, Schachturniere, Konzerte und Erwachsenenbildung veranstaltet. Ein Wellenschwimmbad und beheizbare Liegehallen sollten den Urlaub und die Erholung zudem wetterunabhängig machen. Von der ursprünglichen Planung konnten bis zu Beginn des Zweiten Weltkriegs nur die Bettenhäuser im Rohbau fertiggestellt werden. Urlauber zogen in dieser Zeit in Prora also noch nicht ein.

KASERNEN FÜR DIE NVA Nach 1945 wurden mehrere Blocks, die sich noch im Rohbau befanden, von der Roten Armee gesprengt und teilweise abgetragen. Von den übrigen Blocks wurde Material abtransportiert und für andere Bauten genutzt. Um 1950 waren bis zu 19.000 Menschen mit dem Um- und Abbau der Gebäude beschäftigt, unter anderem kasernierte Einheiten der Volkspolizei. Umgebaut wurde jedoch nicht anhand der ursprünglichen Pläne, sondern nach dem Bedarf der weiteren Nutzung, die für die NVA vorgesehen war. Bis 1990 wurden die Gebäude als Kasernen genutzt, die Anlage wurde zum Sperrgebiet. Nach dem Mauerfall übernahm zunächst die Bundeswehr den Gebäudekomplex und war dort bis 1993. Seither ist die Anlage öffentlich zugänglich. Die denkmalgeschützten Gebäude wurden seitdem renoviert und zum Ostseebad ausgebaut.

UMRUNDUNG DER RUINE Es lohnt sich, einmal die Ruine zu umrunden, es ist der nördlichste Block. In direkter Nähe befindet sich ein Parkplatz. Aus verschiedenen Perspektiven sind Einblicke in die Etagen möglich, die Wände fehlen fast überall, doch die Zwischendecken mit runden Stützsäulen,

Eine Mauer am Strand?
Jeder der Blöcke hatte eine Aussichtsterrasse ...

... mit Blick auf die Ostsee.
Die Skulptur »Sportler« am Block 5 stammt aus sozialistischen Zeiten.

wie ein altes Betonskelett, sind noch vorhanden. Eine Mauer aus großen Feldsteinen steht trutzig am Strand; sie umfasst die Aussichtsterrasse des Gebäudes zur Wasserseite. Von dort erreicht man etwa einen halben Kilometer südlich (ein Gebäudeblock fehlt hier) einen nur halb renovierten Block. Dort ist der Renovierungsprozess sehr anschaulich zu sehen. Am nördlichen Ende des Komplexes befindet sich die Jugendherberge. An der Fassade der südlicheren Teile sind noch Reste der Ausstellung Colorbeach zu sehen, die den Block im Jahr 2012 als weltgrößte Open-Air-Galerie mit 800 Kunstwerken einhüllten. Die Gebäudeteile am südlichen Ende wurden bei meinem Besuch gerade entkernt und werden anschließend saniert. Weiter südlich befinden sich vier weitere Gebäudekomplexe, die bereits in hellem Weiß erstrahlen und als Wohnungen, Ferienwohnungen, Hotels und Gaststätten genutzt werden. Auch in der Nähe dieser Blöcke warten noch viele leer stehende Nebengebäude der einstigen Erholungsstätte der Nationalsozialisten auf ihre Entdeckung.

Einblick in die Projektgeschichte

Im Dokumentationszentrum Prora, in Höhe Dritte Straße, wird die Geschichte dieses gigantischen Projekts erzählt. Es wurde im Jahr 2000 gegründet und zeigt in einer Dauerausstellung, wie im Nationalsozialismus die Freizeit staatlich organisiert und für machtpolitische Zwecke eingesetzt wurde. Begleitet wird die Ausstellung durch eine Dokumentation der Planung und Umsetzung des monumentalen Bauprojekts. Die Öffnungszeiten variieren je nach Saison und sind am besten auf der Internetseite proradok.de zu finden.

Sie sollten Bornholm umrunden:
Rohre für 50 Kilometer Gaspipeline

16

5000 ROHRE AUS SPEZIALBETON

Das Lager der Gaspipeline Nordstream 2 in Mukran

Wohin mit 5000 Rohren, die für die Gaspipeline Nordstream 2 geplant waren, aber nicht mehr benötigt werden? Zurzeit lagern sie auf einem Hafengelände auf Rügen.

Adresse Südstraße, 18546 Sassnitz, Landkreis Vorpommern-Rügen **GPS** 54.4901, 13.5720
Anfahrt A 20 bis AS Stralsund, B 96 bis Hafen Mukran; Busverbindungen ab Sassnitz und Binz

GROSSE POLITIK Wenn ein amerikanischer Präsident einer deutschen Gemeinde mit vernichtenden Sanktionen droht, dann muss es um ein wichtiges politisches Thema gehen. Und wenn infolge des Kriegs gegen die Ukraine ein Projekt an der deutschen Küste endgültig auf Eis gelegt wird, verdeutlicht das seine Tragweite. Es ist wohl klar, worum es geht: die Ostsee-Pipeline Nordstream 2. Das Projekt, mit dem Russland Gas direkt an Deutschland liefern wollte, ohne dabei andere Länder zu durchqueren, war länger schon umstritten. Seitens der Amerikaner, die lieber eigenes Fracking-Gas nach Deutschland verkaufen wollten, seitens der Transitländer, die am Gasgeschäft mitverdienen wollten, und seitens anderer Gruppen, die nicht abhängig vom Gas im Allgemeinen und von russischem Gas im Besonderen sein wollten. Auf deutscher Seite sind zwei Standorte in Vorpommern vom Stopp der Pipeline betroffen: zum einen der Hafen Lubmin bei Greifswald, dort endet die Pipeline. Zum anderen ist es der Hafen Mukran auf Rügen, Hauptstandort der Verlegearbeiten an der deutschen Küste.

EIN ROHR ZUM PREIS EINES KLEINWAGENS Als sichtbare Überbleibsel der Bauarbeiten lagern nun auf einer Fläche des Hafengeländes von Mukran 5000 nigelnagelneue Rohre, die für den Bau der Pipeline verwendet werden sollten. Es sind jedoch nicht einfach nur normale Rohre, so viel ist bereits zu vermuten. Ein Rohr für eine Gaspipeline muss am Meeresgrund so einiges aushalten können. Strömungen, salziges Wasser, von Schnecken, Muscheln und Flundern angeknabbert zu werden, ohne die wertvolle Fracht wieder preiszugeben. Jedes dieser 5000 Rohre hat einen Innendurchmesser von 1,20 Metern und eine Länge von zwölf Metern. Es wurde aus betonummanteltem Spezialstahl hergestellt und kostet so viel wie ein Kleinwagen … jedes einzelne von ihnen. Dass sie nun dort liegen und nicht auf dem Grund der Ostsee, um Gas zu transportieren, hat aber weder mit Drohungen aus Washington noch mit Sanktionen gegen den Lieferanten am anderen Ende der langen Rohrleitung zu tun, sondern schlichtweg mit der Bauplanung der Pipeline. Auf der Ideallinie von Ust-Luga, wo Nordstream 2 an der russischen Küste beginnt, bis nach Lubmin, wo es endet, liegt die dänische Insel Bornholm. Als man ganz höflich bei der dänischen Regierung anfragte, ob man denn die Leitung durch dänisches Gebiet verlegen dürfe, antwortete Kopenhagen mit einem knappen »Nej!«. Das ist dänisch und heißt »Nein!«. Die Folge: Die Pipeline musste um etwa 54 Kilometer verlängert werden. Und das bedeutete 5000 Rohre mehr, die aus Spezialstahl gefertigt, mit Spezialbeton ummantelt, auf Spezialschiffe verladen, dort mit den Nachbarrohren verschweißt und auf den Grund der Ostsee herabgelassen werden mussten. Nach einigem politischen Wirrwarr und Hin und Her fragte man erneut bei den Dänen an, die es sich inzwischen anders überlegt hatten und stattdessen »Ja« sagten.

80.000 EURO PARKGEBÜHR? Die Baufirma freute es sicherlich, 5000 Rohre weniger verlegen zu müssen. Doch nun haben wir die Rohre, und Gaspipelines werden nicht alle Tage verlegt. Was also tun? Bislang werden sie nur auf einem Gelände im Hafen von Mukran gelagert. Die dafür benötigte Fläche beträgt rund 100.000 Quadratmeter, das entspricht zehn Hektar. Zum Vergleich: Ein Tagesparkplatz auf der Insel Rügen kostet in Strandnähe rund zehn Euro. Angesichts der Fläche (auch die Strandnähe ist dort am Hafen gegeben) müssten die Rohre etwa 80.000 Euro täglich an Parkgebühr bezahlen! Doch angesichts der Kosten, die durch die nun ruhende Pipeline entstehen, obwohl sie fertiggestellt wurde, wäre das für die Betreibergesellschaft wohl das kleinere Übel. Die Nordstream 2 AG musste inzwischen Insolvenz anmelden und allen 106 Mitarbeitern kündigen. Immerhin besitzt sie noch Rohre im Wert von zwölf Millionen Euro, von denen sie vielleicht noch den Materialwert des Spezialstahls zurückbekommt, falls die Rohre in einem Spezialverfahren recycelt werden können. Wie lange sie noch in Mukran bleiben, ist noch nicht absehbar. Sicher ist dieser Lost Place aber einer der absurdesten an der vorpommerschen Küste.

Auf zehn Hektar des Hafengeländes von Mukran lagern 5000 Rohre.

DIE BESTEN BESICHTIGUNGSPLÄTZE An der südlichen Umfahrung des Hafengeländes von Mukran, der Südstraße, ist das Gelände, auf dem die Rohre lagern, einsehbar. Eine gute Übersicht hat man auch von der Straßenbrücke der Landstraße von Sassnitz nach Mukran über die Hafengleise. Von der Brücke aus ist ein zweiter Lagerplatz näher am Hafenterminal zu sehen.

So teuer wie ein Kleinwagen: Spezialrohr aus Spezialstahl und Spezialbeton

Strand samt Schiffswrack

In Mukran, etwa einen Kilometer von der Brücke entfernt, beginnt der zehn Kilometer lange Sandstrand der Binzer Bucht. Dort liegt das Wrack des alten Tankschiffes »Altengamme«, das sich aber größtenteils unter Wasser befindet. Das Schiff war in den letzten Monaten des Zweiten Weltkriegs zum Transport von Flüchtlingen aus den Ostprovinzen im Einsatz. Wegen eines Maschinenschadens musste es allerdings in Sassnitz zurückgelassen werden und wurde nach Ankunft der Roten Armee von dieser bombardiert und brannte schließlich zwei Tage lang aus.

17

MIT WENDELTREPPE UND TEICH

Schlossruine Pansevitz mit englischem Landschaftspark

Eine der schönsten Parkanlagen auf Rügen ist der Schlosspark Pansevitz. Vom alten Schloss sind noch einige Mauern und zwei Türme erhalten, und einer davon bietet eine gute Aussicht über das Anwesen.

Adresse Pansevitz 1a, 18569 Kluis, Amt West-Rügen, Kreis Vorpommern-Rügen **GPS** 54.4556, 13.3106 **Anfahrt** A 20 bis AS Stralsund, B 96 bis Samtens, weiter über Landstraße; Busverbindungen ab Sassnitz und Binz

Die Fassade steht noch: Ruine des Schlosses Pansevitz bei Bergen auf Rügen

SCHLOSSGESCHICHTE Weder der Dreißigjährige Krieg noch zwei Weltkriege konnten dem stolzen Anwesen etwas anhaben. Erst in der Zeit des Sozialismus, der mit Argwohn auf feudale Herrenhäuser blickte, kam sein Ende. Inzwischen ist das alte Schloss Pansevitz eine Ruine, denn von der einst stattlichen Anlage hat der Zahn der Zeit nicht mehr viel übrig gelassen. Einige Grundmauern, eine Giebelfassade und zwei Türme, die seit einige Jahren gesichert sind, stehen noch. Einer der beiden, 17 Meter hoch, kann über eine neu errichtete Wendeltreppe sogar bestiegen werden. Schloss Pansevitz blickt auf eine lange Tradition zurück. Das Schloss und der Park stammen aus dem 14. Jahrhundert. Im Jahr 1314 wurde das Land, die »Pansevitze«, erstmals erwähnt und befand sich im Besitz der rügenschen Adelsfamilie von Krassow, die mehrere Güter auf Rügen und im Barther Land besaß. Das Herrenhaus wurde Ende des 16. Jahrhunderts fertiggestellt und später um ein Kavaliershaus ergänzt, das heute noch erhalten und bewohnt ist. Durch Heirat gelangte das Anwesen schließlich in den Besitz der Familie zu Innhausen und Knyphausen.

ALS STEINBRUCH MISSBRAUCHT 1945 wurden die Besitzer im Zuge der Bodenreform durch die sowjetische Besatzungsmacht enteignet. Im Schloss wohnten zunächst

Der Turm bekam eine Wendeltreppe mit Aussichtsplattform.

Flüchtlinge, bis zum Jahr 1963 auch noch mehrere Familien. Doch das Gebäude verfiel jedoch zusehends. Anstelle einer Renovierung wurde das Baumaterial leider freigegeben, und das Schloss mutierte zum Steinbruch. Auch der zwölf Hektar große Schlosspark, im Stil eines englischen Landschaftsparks angelegt, war über die Jahre verwildert. Mithilfe der Grafenfamilie von Knyphausen und mehrerer Stiftungen wurden aber ab dem Jahr 1999 die Schlossruine gesichert und der Park wiederhergestellt. Ein an die Anlage angrenzendes Waldstück wird als Friedwald genutzt. Heute gehören sowohl der Park als auch die Ruine der Stiftung Schlosspark Pansevitz.

VON OBEN BETRACHTET Die beste Aussicht auf die Schlossruine und einen Teil des bezaubernden Landschaftsparks bietet die Aussichtsplattform auf dem 17 Meter hohen Schlossturm. Der Park wurde nach historischem Vorbild wiederhergestellt. Zahlreiche Alleen laden zu romantischen Spaziergängen am Schwanenteich, am Wundersee mit Liebesinsel und am sogenannten Herz- und Nierenteich ein.

Events im Schlosspark

In den Sommermonaten wird im Park rund um die alte Schlossruine ein reichhaltiges Kulturprogramm angeboten. Es gibt Theateraufführungen, Lesungen und Konzerte auf der Freilichtbühne; darüber hinaus wird regelmäßig auch Kunsthandwerk präsentiert. Gerne wird die zwölf Hektar große Anlage dabei auch selbst als Bühne für Skulpturenausstellungen genutzt. Einige dieser Objekte verbleiben dauerhaft vor Ort und können das ganze Jahr betrachtet werden. Informationen zu Ausstellungen und Veranstaltungen bietet die Stiftung Schlosspark Pansevitz auf ihrer Internetseite stiftung-schlosspark-pansevitz.de.

Das Schloss wurde Ende des 16. Jahrhunderts erbaut, nach 1945 wurden die Steine aber andernorts gebraucht.

Blick auf die Grundmauern
vom Aussichtsturm in 17 Meter Höhe

Der Landschaftspark lädt zum Flanieren ein,
etwa am Wundersee mit Liebesinsel.

Die größte im Norden:
steinzeitliche Grabanlage nahe der Nordspitze von Rügen

18

DAS STONEHENGE DER OSTSEE

Das Megalithgrab Nobbin stammt aus der Jungsteinzeit

Auf Rügen gab es einst mehrere Hundert Großsteingräber. Der Steinkreis von Nobbin ist der größte – nicht nur auf der Insel, sondern im ganzen Norden.

Adresse Goor, 18556 Putgarten, Amt Rügen-Nord, Landkreis Vorpommern-Rügen **GPS** 54.6532, 13.3933 **Anfahrt** A 20 bis AS Stralsund, B 96 bis Bergen auf Rügen, weiter über Landstraße mit Nutzung der Wittower Fähre; oder B 96 bis Sagard, weiter über Landstraße; Busverbindung ab Altenkirchen

ÄLTER ALS DIE PYRAMIDEN Ja, Sie haben richtig gelesen. Das Megalithgrab Nobbin ist älter als die ägyptischen Pyramiden. Auch größer als Stonehenge. Es besteht sogar aus mehr Steinen als die Kultstätte in England. Und liegt außerdem direkt an der Steilküste, mit tollem Blick auf die Ostsee. Warum also ist es dann nicht das bekannteste Steingrab der Welt? Gut, die Steine sind insgesamt kleiner und sehen nicht ganz so monumental aus wie die Pyramide von Gizeh oder der Steinkreis von Stonehenge. Nichtsdestotrotz ist es aber eine mehr als bemerkenswerte Grabstätte, denn die Megalithgrabanlage von Nobbin im Nordosten von Rügen ist eines der größten Steingräber Norddeutschlands. Und die Lage an die Küste macht diesen Ort wirklich spektakulär. Der Steinkreis von Nobbin stammt aus der Jungsteinzeit, er könnte also 5000 Jahre alt sein. Errichtet wurde er während der Trichterbecherkultur, die so heißt, weil aus dieser Zeit Becher gefunden wurden, die eine besondere trichterförmige Gestalt haben.

WÄCHTERSTEINE UND SILBERMÜNZEN Die Grabanlage bestand aus 52 Findlingen, skandinavischen Dolmen, von denen heute noch 39 erhalten sind. Sie ist 34 Meter lang und bis zu elf Meter breit. Die Steine haben eine Höhe von bis zu eineinhalb Metern,und im Süden begrenzen sogar zwei Wächtersteine von drei Metern Höhe den Kreis. Die Anlage ist in Nord-Süd-Achse ausgerichtet und könnte in Form eines Schiffsrumpfs angelegt worden sein. In den 1970er-Jahren fanden archäologische Ausgrabungen statt. Dabei wurden zwei menschliche Schädel und

52 Findlinge bilden einen Kreis; die Wächtersteine sind drei Meter hoch.

Pfeilspitzen aus Feuerstein geborgen. Man fand auch Überreste von Bestattungen, die etwa 500 Jahre vor unserer Zeitrechnung stattfanden. Darüber hinaus lagen hier Keramikscherben aus der Slawenzeit und arabische Silbermünzen aus dem 9. Jahrhundert. Auf Rügen finden sich zahlreiche dieser Megalithgräber. Auf einer Karte von 1829 sind 236 solcher Orte verzeichnet. Heute sind weniger als hundert dieser Grabanlagen erhalten – eine ebenfalls sehr sehenswerte befindet sich im Wald an der Schlossruine Dwasieden, südlich von Sassnitz.

TRAUMHAFTES PANORAMA Der Blick über den Norden der Insel Rügen reicht weit. In der Ferne sind die Türme von Kap Arkona zu sehen, einzelne Gehöfte, die Allee der Hauptstraße begrenzt die Ackerflächen. Entlang der Hochküste verläuft der Fahrrad- und Wanderweg über eine holprige Piste. Das dichte Gebüsch an der Kante der Steilküste erlaubt an manchen Stellen die Sicht auf die uns zu Füßen liegende Ostsee, die lang gestreckte Bucht Tromper Wiek bis zu den höchsten Stellen der Rügener Kreidefelsen um den Königsstuhl. Die Macht und Würde dieses Ortes sind zu spüren. Wie mögen die Rituale und Feste hier vor Jahrtausenden ausgesehen haben? Wie vielleicht die stille Andacht und Trauer um die Toten?

Zum Kap Arkona

Das Großsteingrab von Nobbin lässt sich mit einer Wanderung oder einer Fahrradtour zum Kap Arkona verbinden. Dort sind Überreste des Burgwalls der alten slawischen Jaromarsburg zu sehen (s. Seite 92). Vielleicht gehen wir hier auf den Wegen der alten Slawen, die von ihrer Burg zu diesem jungsteinzeitlichen Heiligtum zogen? Der Weg zum Kap Arkona ist etwa vier Kilometer lang und führt an einem Steilufercafé vorbei und durch das alte Fischerdorf Vitt, das als romantischster Ort von Rügen gilt.

Von der Klippe ist durch das Buschwerk die Ostsee zu sehen.

19

ABSEITS DES TOURISTENSTROMS

Ein alter Pegelturm und die slawische Jaromarsburg

Am Kap Arkona geht es eigentlich sehr touristisch zu. Doch unterhalb der Kreidefelsen liegt, von den meisten Besuchern unbemerkt, der alte Pegelturm – ein mühsamer Weg, der sich aber lohnt.

Adresse Arkona, 18556 Putgarten, Amt Rügen-Norden, Landkreis Vorpommern-Rügen **GPS** 54.6788, 13.4341

Adresse Parkplatz Dorfstraße, 18556 Putgarten **GPS Parkplatz** 54.6709, 13.4090 **GPS Pegelturm** 54.6819, 13.4329 **GPS Jaromarsburg** 54.6778, 13.4361

Anfahrt A 20 bis AS Stralsund, B 96 bis Bergen auf Rügen, weiter über Landstraße mit Nutzung der Wittower Fähre; oder B 96 bis Sagard, weiter über Landstraße; Busverbindung ab Altenkirchen

Wie tief ist das Wasser?

Ruine des Pegelturms an der Klippe vom Kap Arkona

DREI TÜRME AM KAP Auch für Lost Place Seekers lohnt sich manchmal ein Ausflug an touristische Hotspots. So zum Beispiel zum Kap Arkona. Es liegt ganz im Norden der Insel Rügen und war ehemals der nördlichste Punkt der DDR. Mit dem Auto ist die Fahrt bis zum Kap mit seinen drei Türmen – einem neuen Leuchtturm, dem alten Schinkel-Leuchturm und einem Peilturm – gar nicht möglich. Geparkt wird südlich des Ortes Putgarten. Schon dieser ist sehr touristisch. Gaststätten, Cafés und Andenkenläden bieten alles, was des Ostseeurlaubers Herz erfreut. Ich entschied mich bei meinem Besuch, die zwei Kilometer bis zum Kap und noch weitere Kilometer bis zu meinem Ziel zu laufen. Es verkehren aber im Abstand von wenigen Minuten auch Shuttlebusse oder besser putzige Lokomotiven mit Waggons, aber für den Straßenverkehr ausgelegt. Auch der reguläre Linienbus ab Altenkirchen darf bis ganz vor zum Kap fahren. Einer der beiden verlassenen Ort, für die sich das Treiben im Touristenstrom lohnt, ist bereits vom Weg aus zu sehen: eine alte Slawenburg und ein hoher Erdwall – die Jaromarsburg, einst eine große Festung der Slawen. Doch zum interessanteren Ziel muss noch eine teils beschwerliche Strecke zurückgelegt werden. Eigentlich liegt er nur einen Steinwurf entfernt, der alte Pegelturm unten am steinigen Strand der Ostsee. Doch die Steilküste, die hier 40 Meter hoch über der Ostsee aufragt, ist schlecht zugänglich. Es empfiehlt sich deshalb, lieber die Treppe zu benutzen.

HINAB ZUM STRAND Der Weg führt über die tatsächliche Nordspitze der Insel, den Gellort. Hier kann über eine Treppe der Küstenstreifen vor der Steilküste erreicht wer-

Bei Kormoranen beliebt: die Überreste eines Schiffsanlegers

Der große Leuchtturm neben einem Kunstwerk an der alten slawischen Jaromarsburg

den. Zum Pegelturm sind danach noch weitere 500 Meter über den unwegsamen Pfad unterhalb der Klippen zu überwinden. Früher gab es hier zwei Pegeltürme. Beide standen noch nicht im Wasser, sondern näher an der Steilküste auf dem Strand. Das Fundament des zweiten Turmes befindet sich einige Meter von der Turmruine entfernt. Im frühen 19. Jahrhundert gab es hier sogar einen Schiffsanleger. Die Königstreppe, die in der Nähe der Türme nach oben führte, wurde allerdings im Jahr 2012 wegen der Kliffabbrüche dauerhaft geschlossen. Hier ist wirklich Vorsicht geboten, denn alle Jahre wieder stürzt ein Stück der Kreidefelsen hinab! Dabei wurden häufiger Spaziergänger am Strand von der Kreidemasse verletzt oder sogar begraben. Besonders nach starken Regenfällen oder Stürmen ist das Risiko eines Felsabsturzes erhöht.

KULTSTÄTTE DER RANEN Zurück am Wendekreis der Shuttlebusse, deuten große Skulpturen auf die alten Ranen hin, einen westslawischen Stamm, der an dieser Stelle der Küste eine Kultstätte für ihren Gott Svantewit errichtet hatte. Die Ranen lebten vermutlich seit dem 6. Jahrhundert auf Rügen. Die Jaromarsburg wurde im Jahr 1168 von den Dänen erstürmt und eingenommen, und damit unterwarfen sich auch die Ranen dem dänischen König Waldemar I.

ABBRUCHGEFÄHRDET An dieser Stelle der Küste raubt der Abbruch der Steilkante pro Jahrhundert etwa 20 Meter des Landes. Es ist also davon auszugehen, dass das Areal der Burg vor gut 1000 Jahren um einiges größer war als heute. Es finden nach wie vor Ausgrabungen statt, doch ist das Gelände wegen der Gefahr des Abbruchs schon seit einigen

Jahren für Besucher geschlossen. Ein guter Blick auf den Burgwall ist aber von der Aussichtsplattform des direkt nebenan stehenden Peilturms zu bekommen.

Zwei Bunkeranlagen können am Kap Arkona besichtigt werden.

Zwei Bunker am Kap

Das Kap Arkona bietet neben den beiden Leuchttürmen noch eine weitere Sehenswürdigkeit: ein Museum in einer Bunkeranlage. Eigentlich sind es sogar zwei Bunker, der kleinere – der Bunker Arkona, einst von der Wehrmacht errichtet – zeigt die Geschichte des Kaps Arkona von der Slawenzeit bis heute. Der größere wurde erst in den 1980er-Jahren gebaut. Es ist der Marineführungsbunker, von dem aus in einem Kriegsfall die Volksmarine der DDR kommandiert werden sollte. In einem Teil dieser Anlage kann eine Ausstellung von Modellschiffen und alten Navigationsinstrumenten besucht werden. Nur wenige Kilometer entfernt befindet sich außerdem das Großsteingrab Nobbin (s. Seite 88). Bei der Anfahrt zum Kap Arkona ergeben sich zwei Alternativen. Ein besonderes Erlebnis ist es, von Bergen auf Rügen den Weg über Trent zu nehmen und den nördlichen Teil der Insel Rügen mit der Wittower Fähre zu erreichen. Eine Landverbindung gibt es über Sagard. Beide Strecken sind sehr sehenswert.

Die Jaromarsburg war eine Kultstätte der Ranen aus dem 6. Jahrhundert.

Tanzplatz der Hexen? Die bizarren Bäume im Waldpark Semper wurden erst 1920 gepflanzt.

20

EIN PARK MIT HEXENWALD UND WASSERTURM

Der Waldpark Semper

Unheimlich wirken die krüppeligen und wulstigen Stämme der Süntelbuchen. Und auch die Turmruine mitten im Waldpark wäre perfekt als Kulisse für Schauergeschichten und Krimis.

Adresse Semper, 18426 Lietzow, Amt Bergen auf Rügen, Landkreis Vorpommern-Rügen **GPS Wasserturm** 54.4908, 13.5058 **GPS Hexenwald** 54.4921, 13.5074

Adresse Parkplatz, Bahnhof Am Bahnhof, 18426 Lietzow **GPS Parkplatz, Bahnhof** 54.4805, 13.5064

Anfahrt A 20 bis AS Stralsund, B 96 bis Lietzow; Zugverbindung ab Stralsund und Sassnitz

WIE UNTER EINEM BLÄTTERZELT Schief und krumm wachsen die Krüppelbuchen im Waldpark Semper, so als würden hier Hexen im Ritus ihrer Tänze dem Teufel huldigen. Sie stehen eng beieinander, und von außen wirkt ihr Blattwerk wie ein Zelt, ein kleiner Wald im Wald. Unter dem Blätterdach scheinen die Stämme und Äste wie hölzerne Blitze, im Zickzack geformt, mit Knollen und Wülsten an ihren Stämmen. Welche Nachtgestalten mag das kleine Wäldchen wohl anziehen? Der Name Hexenwald ist jedenfalls angemessen. Hätte es diese Bäume vor einigen Jahrhunderten schon gegeben, wäre hier vermutlich ein Kultplatz entstanden, denn für die Insulaner wäre es gewiss ein Ort gewesen, an dem es spuken musste! Die Krüppelbuchen, die den Hexenwald bilden, sind dabei eine seltene Mutation der Rotbuche. Ein anderer Name für diese Form ist Süntelbuche, benannt nach einem Teil des Weserberglandes, aus dem diese Mutation stammt. Im Waldpark Semper wurden zehn von ihnen im Jahr 1920 gepflanzt.

TURMRUINE MIT FUNKTION Doch der Hexenwald ist nicht der einzige unheimliche Ort im Waldpark Semper. An dessen höchster Stelle wurde ein Wasserturm gebaut, der allerdings auf eine Weise mit Feldsteinen verkleidet wurde, dass er die Form einer Burgruine bekam. Es handelt sich also nicht um eine echte Ruine, sondern eine angelegte Kulisse, um dem Park ein romantisches Schmuckelement zu stiften. Seinen Zweck hat es allerdings erfüllt: Der Turm wurde bis in die 1950er-Jahre als Wasserturm genutzt.

PARKHISTORIE Schloss Semper und der Park stammen aus dem Jahr 1920. Dr. Walter

Getarnter Zweckbau:
Der Wasserturm wurde bewusst als Ruine errichtet.

von Brüning, der Sohn eines Mitbegründers der Farbwerke Hoechst, kaufte das Waldstück nördlich von Lietzow und baute dort das Schloss und die Turmruine. Nach der Enteignung 1945 wurde das Schloss samt Parkanlage als Ausbildungsstätte und Erholungsheim der Volkspolizei genutzt – eine interessante Verbindung zum Vorbesitzer, denn dieser war im Jahr 1918 für einige Monate Polizeipräsident von Kiel. Für die Nutzung durch die Polizei sind mehrere Nebengebäude entstanden, unter anderem einige Baracken und eine Turnhalle, die heute allerdings nicht mehr steht. Ein alter Tennisplatz hingegen ist in seiner Form noch zu erahnen. Als Außenstelle der Internationalen Gartenschau 2003 in Rostock wurde der Park nach historischem Vorbild wiederhergestellt. Wege wurden neu angelegt, die Kaskadenteiche entschlammt und eine Rhododendronallee in der ursprünglichen Form nachgepflanzt. Und auch die Polizei ist genau genommen immer noch vor Ort. Heute befindet sich im Schloss Semper ein Polizeierholungswerk der Länder Mecklenburg-Vorpommern und Schleswig-Holstein.

Störtebeker-Festspiele

Vom Bahnhof Lietzow, wo es einen größeren Parkplatz gibt, führt ein Wanderweg zunächst am Bodden entlang in den Waldpark. Bis zur Turmruine und dem Hexenwald sind es gut zwei Kilometer. Das Hochufer an den Kaskadenteichen bietet einen weiten Ausblick über den Jasmunder Bodden. Und am gegenüberliegenden Ufer liegt der Ort Ralswiek, wo Ende Juni bis Anfang September jährlich die Störtebeker-Festspiele stattfinden. Episoden aus dem Leben des sagenumwobenen Freibeuterkapitäns werden auf der Freilichtbühne am Bodden mit aufwendigen Effekten in Szene gesetzt.

Im gespenstischen Licht erscheinen die Kaskadenteiche.

21

RESTE DER MILITÄRISCHEN FORSCHUNG DER NAZIS

Die Heeresversuchsanstalt in Peenemünde

Ein winziger Ort mit riesiger Kulisse – das ist Peenemünde. Die Lage ist idyllisch, doch die Geschichte der Heeresversuchsanstalt hat ihre Spuren hinterlassen.

Adresse Historisch Technisches Museum Fährstraße 10, 17449 Peenemünde, Kreis Vorpommern-Greifswald **GPS Historisch Technisches Museum** 54.1380, 13.7693

Adresse Sauerstoffwerk Hauptstraße/Lindenstraße, 17449 Peenemünde **GPS Sauerstoffwerk** 54.1372, 13.7755

Adresse Gedenkstätte Raketenbunker Weserstraße, 17449 Peenemünde **GPS Gedenkstätte Raketenbunker** 54.1200, 13.7849

Anfahrt A 20 bis AS Gützkow, B 111 über Wolgast auf die Insel Usedom, weiter Landstraße; Zugverbindungen über Zinnowitz; Personenfähre ab Kröslin

Ausstellungsstücke auf dem Freigelände des Technikmuseums, unter anderem die V2-Rakete

Gesperrte Areale in Peenemünde sind bei Rundfahrten zu besichtigen, zum Beispiel mit diesem historischen Bus der NVA.

DIE WUNDERWAFFE AUS PEENEMÜNDE Der weltweit erste Marschflugkörper wurde weder in der Wüste von Nevada noch in den Weiten Sibiriens entwickelt. Nein, es war auf der vorpommerschen Insel Usedom. Die sogenannten Vergeltungswaffen V1 und V2 stammen aus der Heeresversuchsanstalt Peenemünde. Sie sollten vor allem gegen Ziele in England eingesetzt werden, auch gegen zivile Ziele. Als die Eroberungskriege der Nationalsozialisten nicht mehr so erfolgreich waren wie in den ersten Kriegsjahren, erhofften sie sich von diesen Wunderwaffen eine Wende zugunsten des Deutschen Reichs. Peenemünde war zu jener Zeit ein Sperrgebiet.

BEEINDRUCKENDE KULISSE Heute ist der Ort an der nordwestlichen Spitze der Insel Usedom mit rund 350 Einwohnern eher beschaulich, hat aber dennoch eine beeindruckende Kulisse zu bieten, und das in vielerlei Hinsicht: sowohl mit den Überresten der Gebäude der Heeresversuchsanstalt, vor allem dem alten Kraftwerk, als auch den Schiffen im Hafen. Und die Natur toppt dies noch. Der Peenestrom trifft hier auf die Ostsee.

Hinterlassenschaften am Wegesrand finden sich einige.

Vom Hafen aus ist er mit einer Breite von mehreren Hundert Metern zu sehen. Und gegenüber liegt der Ort Kröslin mit seinem Kirchturm und dem Jachthafen. Ein Personenschiff verbindet beide Orte.

KRAFTWERK UND SAUERSTOFFFABRIK Vor 80 Jahren befand sich hier die größte militärische Forschungseinrichtung Europas, in der von 1936 bis 1945 erst die V1, dann die V2 entwickelt und getestet und wo auch an raketenbetriebenen Flugzeugen experimentiert wurde. Leiter der Heeresversuchsanstalt war Wernher von Braun, der nach dem Zweiten Weltkrieg US-amerikanische Raketen zunächst militärisch entwickelte, später aber bei der NASA am Apollo-Programm leitend tätig war. Das alte Kraftwerk am Hafen erscheint mit seiner mächtigen Frontseite aus Backstein und hohen Fenstern hier an der Ostsee überdimensioniert, ebenso die über 200 Meter lange Förderanlage auf hohen Stahlstelzen, der ein Kran aufgesetzt ist. Sie sorgte für genügend Nachschub an Kohle, die per Schiff angeliefert wurde. Etwas kleiner daneben steht die schwarz-weiß gemusterte V2-Rakete, einer der noch erhaltenen Marschflugkörper. Das Kraftwerk und die Rakete sind Teil des Technikmuseums Peenemünde und können besichtigt werden. Am Ortseingang stehen zudem die Überreste der Sauerstofffabrik, ebenfalls ein mächtiges Gebäude aus rotem Ziegelstein, dessen löchrige Wände aber den Blick in die inneren Werkshallen freigeben.

ARBEITSLAGER, HAUPTWACHE, FLUGHAFEN Zum Bau und für den Test der Raketen in Peenemünde wurden auch Zwangsarbeiter eingesetzt, darunter Häftlinge aus Konzentrationslagern sowie Kriegsgefangene. Diese wurden unter unmenschlichen

Monumental am Hafen: das alte Kraftwerk von Peenemünde

Kann besichtigt werden: U-Boot U-461 der Roten Armee an der Hafenpromenade von Peenemünde

Bedingungen in Arbeitslagern untergebracht, 600 dieser Häftlinge in einem Waldstück südlich von Peenemünde. In einem anderen Waldstück in der Nähe des Flughafens befand sich ein weiteres Lager. Die Häftlinge wurden zu schwerer körperlicher und auch gefährlicher Arbeit gezwungen, etwa zum Bergen von Blindgängern. 20.000 Häftlinge starben während der Arbeit an der V2-Rakete, 250 von ihnen allein in Peenemünde. Im ganzen Ortsgebiet sind weitere Überreste der Versuchsanstalt und der Lager zu finden, darunter die Hauptwache, ein Bahnsteig des Arbeitslagers mit Gleisen, Überreste von Pavillons, Prüfstände, mehrere Raketenbunker und ältere, nicht mehr genutzte Gebäude auf dem Flugplatz, der heute wieder in Betrieb ist. Teile des Areals sind allerdings wegen verbliebener Kampfmittel nach wie vor abgesperrt und nicht zugänglich.

Besichtigungsmöglichkeiten

Das Technikmuseum Peenemünde hat einen 25 Kilometer langen Rundweg unter dem Namen »Die Denkmal-Landschaft« erstellt. 23 Stationen erklären anhand von Schautafeln die Geschichte der einzelnen Orte. Einige von ihnen können allerdings nur mit einer Führung besichtigt werden. Das Museum selbst präsentiert die Geschichte des Ortes; hier kann auch eine V2-Rakete aus der Nähe betrachtet werden. Das alte Kraftwerk ist Teil des Museumsgeländes. Von seinem Dach aus hat man einen guten Rundblick über den Ort. Im Hafen können darüber hinaus das sowjetische U-Boot U-461, der größte jemals gebaute konventionelle Unterwasser-Raketenkreuzer, sowie eine Raketenkorvette der DDR Volksmarine besichtigt werden.

Hotel Belvedere, Waisenhaus der Reichsbahn, Kindersanatorium Erich Steinfurth ... das Anwesen hat eine lange Geschichte.

22

VOM HOTEL ZUM »KINDER-KURHEIM ERICH STEINFURTH«

Gerüchte um ein altes Gebäude

Der Anblick des verfallenen Gebäudes in Zinnowitz regt nicht nur die Fantasie von Investoren an, sondern wirft auch Fragen auf: Wie ging es den Waisenkindern, die hier lebten? Den Flüchtlingen? Den kranken Kindern im Sanatorium? Und ob es hier wohl spukt?

Adresse Hohe Straße 3, 17454 Zinnowitz, Amt Usedom-Nord, Landkreis Vorpommern-Greifswald **GPS** 54.0734,13.9184 **Anfahrt** A 20 bis AS Gützkow, B 111 über Wolgast auf die Insel Usedom, weiter über Landstraße; Zugverbindungen ab Stralsund, Swinemünde und Peenemünde

hatten, freute ich mich noch eine Weile darüber, dass man mir die Rolle eines Investors zugetraut hatte, während ich mein Vorhaben schmunzelnd fortsetzte. Doch es stimmte … das Gebäude lädt wirklich ein, darüber nachzudenken, was man damit alles machen könnte. Ostseenähe, historische Bausubstanz, große Parkanlage, Türmchen, Fenster, Erker, selbst die wenigen Einblicke ins Innere des Gebäudes, die möglich sind, verraten das schmucke Interieur. Der verbrannte Dachstuhl, die eingeschlagenen Fensterscheiben, die provisorische Sicherung des Gebäudes und die Tatsache, dass es seit den frühen 1990er-Jahren leer steht, lassen aber auch vermuten, dass es schwierig sein dürfte, es erhaltend zu sanieren … dabei war das Wort Denkmalschutz bis dahin noch gar nicht gefallen. Ich jedenfalls hatte alles, was ich wollte: Fotos und eine spannende Geschichte über

DIE SUCHE NACH EINER PERSPEKTIVE

»Guten Tag, haben Sie eine Perspektive für das Gebäude?« Verdutzt sah ich den älteren Herrn an, der mit dem Rennrad die Straße hinaufgefahren war und angehalten hatte, als er sah, dass ich das alte Gebäude ausgiebig fotografierte. »Nun ja, ich suche gerade die schönste Perspektive, insofern eher noch nicht …« Ich schaute den Mann fragend an, er schaute fragend zurück. Doch schnell klärte sich, dass er hoffte, ich sei ein Investor, der hier mit einigen Millionen Euro in der Tasche angekommen war, um sie zu verbauen. Daraufhin erzählte er mir die Geschichte des stattlichen, mittlerweile allerdings schon sehr verfallenen Gebäudes, und begann darüber zu fantasieren, wie viel Schönes daraus gemacht werden könnte … vorausgesetzt, man bringt das nötige Kleingeld mit. Nachdem wir uns verabschiedet

Im Jahr 2019 brannte der Dachstuhl aus.

Die schönen Details des Gebäudes werden mehr und mehr von der Natur verdeckt.

einen verlassenen Ort – auch wenn ich mir bereits ein schöntes Fenster ausgesucht hatte, hinter dem ich meine Schreibkammer eingerichtet hätte.

HOTEL, WAISENHEIM, SANATORIUM Das graue Gebäude mit mehreren Flügeln, einem überdachten Verbindungsweg und dem fünf Hektar großen Park stammt aus dem Jahr 1875, eröffnet unter dem Namen »Hotel Belvedere«. 1927 erwarb die Milde Stiftung der Deutschen Reichsbahn das Hotel und baute es zum Eisenbahner-Waisenhort »Maria-Heim« für elternlose Kinder aus Eisenbahnerfamilien um. Nach Kriegsende diente es als »Seuchenkrankenhaus«, in dem Flüchtlinge untergebracht wurden, die in Quarantäne bleiben mussten. 1958 wurde es unter dem Namen »Kinderkurheim Erich Steinfurth« zu einer Einrichtung des staatlichen Gesundheitswesens der DDR, die bis 1989 als Kindersanatorium genutzt wurde. Behandelt wurden vor allem Erkrankungen der oberen Atemwege. Dafür standen Höhensonnen, Solekammern, Inhalationsgeräte und Heilbäder zur Verfügung. Auch die Ostseeluft wird wohl damals schon besser gewesen sein als die Luft in den Industriegebieten und Großstädten der Republik. Doch war der Aufenthalt hier auch erholsam? Ehemalige Kurgäste berichten in einem Forum nicht allzu begeistert von ihrer Zeit im Kinderkurheim. Von Kasernenhofatmosphäre liest man da; die Post sei kontrolliert und Pakete der Eltern seien entweder ungeöffnet deponiert oder für die Verteilung an alle freigegeben worden. Das betraf wohl vor allem Süßigkeiten.

SPUK IN ALTEN MAUERN Ob das Gebäude einen Investor findet, ist ungewiss. Für den Park existieren jedoch bereits Pläne, Dauerwohnraum zu schaffen. Zeitungsartikel berichten von bis zu 300 Wohnungen. Dass ein Ausbau des alten Gebäudes bislang nicht erfolgte, könnte auch an einigen gruseligen Geschichten liegen, die über das verlassene Haus kursieren. Selbst der Bürgermeister von Zinnowitz berichtete in der Halloween-Sondersendung eines regionalen Radiosenders über Spukgeschichten im alten »Erich Steinfurth«-Heim. So sollen etwa Lichter im Haus gesehen und Kinderlachen gehört worden sein, und zwar derart überzeugend, dass selbst die Feuerwehr anrückte, um den Ort abzusuchen, denn ein Begehen des Gebäudes ist gefährlich – ohne Erfolg, es war niemand zu finden. Andere wiederum berichten von knarrenden und quietschenden Türen und Fenstern sowie seltsamen Erscheinungen auf Fotografien, die Kindergesichter sein könnten. Vermutlich war es nur der Wind. Oder eine Lichtspiegelung. Oder doch ein handfester Hinweis auf unheimliche Vorgänge im alten Kinderheim?

Sehenswertes Zinnowitz

Zinnowitz ist ein Ostseebad mit schönem Sandstrand, einer Strandpromenade und einer Seebrücke mit Tauchglocke. Viele Gebäude entlang der Promenade sind im Stil der Bäderarchitektur gebaut. Sehenswert ist auch das alte Kulturhaus im Stil des sozialistischen Klassizismus. Es stand über viele Jahre leer, wird derzeit aber renoviert. In Zinnowitz findet jährlich das Vineta Festival statt, denn auch Usedom beruft sich auf Quellen, die die versunkene Stadt Vineta bei Zinnowitz verorten. Ob das stimmt? Lesen Sie dazu Kapitel 4 ab Seite 28.

Hier könnten 300 Wohnungen entstehen; allerdings müsste dann das Baudenkmal weichen.

23

ERINNERUNGEN AN EIN »FROHES JUGENDLEBEN«

Die Ferienanlage »Langer Berg« in Bansin

Der erste Kuss am Ostseestrand beim Treffen der Nationen … die Ferienlager in der DDR, von den elterlichen Betrieben organisiert, waren zwar politisch motiviert, doch die Kinder interessierte vor allem der Spaß miteinander.

Adresse Strandpromenade/Fischerweg, 17429 Seebad Bansin, Gemeinde Ostseebad Heringsdorf, Landkreis Vorpommern-Greifswald
GPS 53.9818,14.1252 **Anfahrt** A 20 bis AS Gützkow, B 111 über Wolgast auf die Insel Usedom, weiter über Landstraße; Zugverbindungen ab Stralsund und Swinemünde

Pavillons im Wald – hier verbrachte die DDR-Jugend ihre Sommerferien, organisiert vom elterlichen Betrieb.

20 MARK FÜR ZWEI WOCHEN ALL INCLUSIVE Der Fahnenappell gehörte dazu, das rote Pionierhalstuch oder das blaue Halstuch der FDJ ebenso. Die Ferien in den Ferienlagern der DDR wurden meist betrieblich organisiert, um den Kindern ein »frohes Jugendleben« zu ermöglichen. Jeder volkseigene Betrieb unterhielt deshalb ein Ferienlager zwischen Ostsee und Erzgebirge. Günstig war der Urlaub im Lager auf alle Fälle: Zwischen 15 und 20 Mark wurden für die Woche bezahlt, inklusive An- und Abreise, Unterkunft, Betreuung und Verpflegung. Manche Kinder durften sogar zweimal in den großen Ferien verreisen, zum einen in das Ferienlager des Betriebs des Vaters und ein zweites Mal in das, das von der Arbeitsstelle der Mutter organisiert wurde. 5000 dieser Ferienanlagen gab es in der DDR insgesamt, für die meisten verbunden mit schönen Erinnerungen an die erste Disco, an Badevergnügen in der Ostsee, abenteuerliche Nachtwanderungen oder den ersten Kuss. Ferienlager waren immer auch Begegnungsorte mit Jugendlichen aus anderen sozialistischen Ländern. So waren Studenten aus Angola oder Mosambik regelmäßig zu Gast in Bansin. Im alten Forsthaus oberhalb des Ferienlagers an der Steilküste, heute ein Hotel mit Ausflugsgaststätte, gab es immer das »Treffen der Nationen«. Doch beliebter als politische Diskussionsabende war der Spaß miteinander, das Baden in der Ostsee unter dem Sonnenhimmel.

GEISTERSTADT IM WALD Zwischen Bansin und Ückeritz, kaum einen Kilometer vom Ostseestrand entfernt, sind in einem Waldstück die Überreste des Ferienlagers »Am

langen Berg« zu finden. Es wurde vom Reichsbahnausbesserungswerk Meiningen betrieben. Daher erklang der Fahnenappell in Ostseenähe wohl im schönsten Thüringer Akzent. Das Ferienlager liegt unterhalb des Küstenradweges und ist im Vorbeifahren eigentlich nur noch zu erahnen. Die Überreste der Hütten und Gebäude erzählen aber weniger vom Ferienspaß als vom Zahn der Zeit. Von den Pavillons stehen nur noch löchrige Wände, die aus Eternit-Wellpappe bestehenden Dächer sind eingestürzt, Schutt stapelt sich am Boden. Das Ensemble gleicht einer Geisterstadt mitten im Wald. Die Natur verschlingt Jahr für Jahr ein weiteres Stück der Anlage. Selbst die festen Gebäude aus Mauerwerk haben eingeschlagene Fenster, Graffitis sind an den Wänden zu sehen, ein muffiger Geruch zieht aus den feuchten Kellern herauf. Wann die festen Baracken entstanden, ist schwer zu sagen – auf einer Postkarte aus dem Jahr 1955 war es lediglich ein Zeltlager.

Mit dem Rad unterwegs

Das Ferienlager Bansin liegt in unmittelbarer Nähe des Radwegs entlang der Küste von Usedom, glücklicherweise etwas versteckt im Tal. Mit dem Fahrrad ist die Gegend also am besten zu erkunden. Bansin ist das westlichste der drei Kaiserbäder, die sich durch besondere Bäderarchitektur auszeichnen. Die beiden anderen, Heringsdorf und Ahlbeck, sind gut über den Küstenradweg erreichbar. In Ahlbeck kann direkt an der Strandpromenade der Baufortschritt eines weiteren jahrelangen Lost Places begutachtet werden. Das »Haus der Erholung«, ein Gäste- und Kulturhaus während der DDR-Zeit, wird ab 2023 renoviert und ausgebaut. Von Ahlbeck ist es auch nicht mehr weit bis ins polnische Swinemünde, die größte Stadt der Insel Usedom. Auf dem Rückweg Richtung Bansin empfiehlt sich eine Tour durch das Hinterland mit Wolgastsee und Gothensee. Allerdings ist es hier trotz Küstennähe sehr hügelig.

Für 20 Mark die Woche all inclusive – auch Badespaß und Fahnenappell

Hütten in Leichtbauweise, an denen heute der Zahn der Zeit nagt.

Das ehemalige Ferienlager liegt nicht weit vom Ostseeküsten-Radweg entfernt.

In die Kaiserbäder gelangte man von Berlin am besten mit dem Schnellzug; die Insel Usedom erreichte man über die Karniner Brücke.

24

MIT DEM D-ZUG IN DIE KAISERBÄDER

Die Eisenbahn-Hubbrücke Karnin

Sie ist ein technisches Wunderwerk im Peenestrom: Einst verband die Karniner Brücke die Insel Usedom mit dem Festland und machte dazwischen in Rekordzeit Platz für den Schiffsverkehr.

Adresse Karnin 14, 17406 Usedom, Amt Usedom-Süd, Landkreis Vorpommern-Greifswald **GPS** 53.8434, 13.8556 **Anfahrt** A 20 bis AS Gützkow, B 111, Landstraße und B 110 bis auf die Insel Usedom; oder von Süden A 20 bis AS Pasewalk-Süd und B 109 sowie B 110 bis auf die Insel Usedom

IN ZWEIEINHALB STUNDEN VON BERLIN NACH HERINGSDORF Eine Million Urlaubsgäste kamen pro Jahr auf die Insel Usedom, die meisten von ihnen aus Berlin (Usedom wurde deshalb auch scherzhaft »Berliner Badewanne« genannt) und mit der Bahn. Die Strecke von Berlin nach Swinemünde wurde 1876 eröffnet und 1894 nach Heringsdorf verlängert. Nun stand dem Prominieren am Ostseestrand für zahlreiche Hauptstädter nichts mehr im Wege. Doch erst der zweigleisige Ausbau in den 1930er-Jahren machte die Verbindung wirklich zur Rennstrecke. In nur zwei Stunden und 36 Minuten war man vom Stettiner Bahnhof in Berlin im Seebad Heringsdorf. Heute brauchen die Regionalbahnen gut eine Stunde länger, mit Umstieg in Züssow. Attraktiv war die Strecke seit dem Ausbau auch für Wochenendbesuche. Die Verbindung am Sonntagabend zurück in die Hauptstadt wurde scherzhaft Strohwitwer-Express genannt, da viele Familienväter sich auf den Heimweg machten, während der Rest der Familie noch auf der Insel blieb.

NUR ZWÖLF JAHRE IM DIENST Ermöglicht wurde die Verkürzung der Reisezeit unter anderem durch die Karniner Brücke. An ihrer Stelle stand zunächst eine Drehbrücke. Pfeiler für einen zweigleisigen Ausbau waren allerdings vorausschauend bereits errichtet worden, und so wurde 1933 am Peenestrom zwischen Kamp und Karnin die modernste Eisenbahnbrücke Europas eröffnet: eine 350 Meter lange Hubbrücke, die nach dem Fahrstuhlprinzip funktionierte. In nur drei Minuten konnten die

Gleise auf eine Durchfahrtshöhe von 28 Metern angehoben werden; somit konnten auch größere Schiffe die Stelle passieren. War die Brücke wieder gesenkt, konnten die Züge mit einer Geschwindigkeit von 110 km/h nach Usedom und zurück sausen. Täglich nutzten das 52 Züge, davon zwölf Schnellzüge. Doch die Karniner Brücke blieb nur zwölf Jahre im Dienst. In den letzten Kriegstagen zog sich die Wehrmacht vor der aufrückenden Roten Armee von der Insel Usedom zurück. Am 28. April 1945 wurde die Brücke, die bisher alle Luftangriffe auf Swinemünde überstanden hatte, mit zwei Fliegerbomben von der Wehrmacht selbst gesprengt. 1990 wollte die Reichsbahn die Brückenruine abreißen, doch eine Bürgerinitiative setzte sich für den Erhalt des technischen Denkmals ein. Die Gleise der Strecke wurden nach 1945 von der sowjetischen Besatzung als Reparationsleistungen beansprucht und demontiert.

AUS VERSCHIEDENEN PERSPEKTIVEN

Nähert man sich vom Ort Zecherin auf Usedom dem Hafendorf Karnin, hat man bereits einen ersten Blick auf die alte Hubbrücke im Peenestrom. Auf dem alten Bahndamm am Hafen kommt man der Brücke am nächsten,

Die 350 Meter lange Brücke über den Peenestrom konnte innerhalb von wenigen Minuten Platz für den Schiffsverkehr machen.

zumindest von der Landseite. Hier finden Sie viele Informationstafeln über die Brücke und die Natur am Strom. Auf dem Weg zum Jachthafen, unten am Wasser entlang, wechselt die Perspektive auf die Brücke.

UNGEWISSE ZUKUNFT In welcher Form die Brücke dauerhaft erhalten bleiben soll, steht noch nicht fest. Es gibt unterschiedliche Pläne, Swinemünde wieder direkt mit dem Festland zu verbinden, beispielsweise als Strecke für den Personenverkehr ab Anklam. In diesem Fall würde vermutlich auch die alte Strecke über die Karniner Brücke wieder in Betrieb genommen werden.

Vom Wasser aus betrachtet

Vorbeifahrt gefällig? Wenn Sie so nahe wie möglich an die Hubbrücke herankommen wollen, sollten Sie eine Überfahrt mit der vollelektrischen Fahrrad- und Personenfähre von Karnin in das malerische Fischerdorf Kamp buchen. Die Fähre verkehrt von Mai bis Mitte Oktober tagsüber stündlich, und die Fahrt über den Peenestrom dauert nur wenige Minuten. Kamp liegt im Naturschutzgebiet Unteres Peenetal, das mit dem Rad erkundet werden kann, und besitzt einen kleinen Hafen mit Hafenimbiss.

25

THEATER DER TRAKTORISTEN

Das Kulturhaus Murchin brachte die »Kultur auf's Land«

Eines der größten Kulturhäuser der DDR wurde auf dem Land, im Dorf Murchin gebaut – als Lohn für eine leistungsstarke Maschinen-Traktoren-Station.

Adresse Dorfstraße 47, 17390 Murchin, Amt Züssow, Landkreis Vorpommern-Greifswald
GPS 53.9078, 13.7453 **Anfahrt** A 20 bis AS Gützkow, B 111, Landstraße und B 110; oder von Süden A 20 bis AS Pasewalk-Süd und B 109 sowie B 110; Busverbindungen ab Anklam und Usedom

Der Hype hielt nur wenige Jahre: Großraumdisco Hyper-Dome im einstigen DDR Kulturhaus

FÜNFJAHRESPLAN FÜR DIE KULTUR Ein Land der Arbeiter und Bauern, das wollte die DDR sein. Daher sollten auch die Menschen in den abgeschiedensten Regionen in den Genuss von Kultur kommen können. Murchin im Kreis Anklam, heute im Landkreis Vorpommern-Greifswald, gehörte mit damals rund 20 Einwohnern pro Quadratkilometer ganz sicher zu den abgeschiedenen Landstrichen der DDR. Doch auch die landwirtschaftlichen Betriebe hatten sich im sozialistischen Wettbewerb zu behaupten. Als bereits in den frühen 1950er-Jahren die Maschinen-Traktoren-Station Matyas Rakosi in Murchin besonders gut abschneiden konnte, sollte es eine Belohnung geben. Unter dem Motto »Kultur auf's Land« sah der erste

Blau und weiß: In Murchin weht die Fahne mit dem pommerschen Greif im Wind.

Fünfjahresplan der DDR große Kulturhäuser für den ländlichen Raum vor. Die Leistungsstärke des Fuhrparks für Landmaschinen von Murchin hatte sich inzwischen bis ins ferne Berlin herumgesprochen, und der Ort wurde deshalb schon sehr früh auserkoren, ein eigenes Kulturhaus zu bekommen.

LANDKINO UND BILDUNGSABENDE Mit dem neuen Kulturhaus sollte es fortan ein Angebot an Kino- und Theatervorführungen sowie Bildungsabenden geben. Auch das eigene künstlerische Schaffen der Bevölkerung in Zirkeln und Laienspielgruppen wollte man damit fördern. Schon am 1. Mai 1954 wurde das prachtvolle Gebäude eröffnet, ein zweigeschossiger Bau mit t-förmigem Grundriss im Stil des Sozialistischen Klassizismus. An der Hauptfassade prangt heute noch ein mächtiger Pfeilerportikus. Daneben ist ein Relief zu sehen, das den Titel »Die Arbeit der Landwirtschaft in den vier Jahreszeiten« trägt. Es zeigt säende, erntende und Mehl produzierende Landarbeiter. Der große

Ausschnitt aus dem Relief »Die Arbeit der Landwirtschaft in den vier Jahreszeiten«

Schmucklose Seitenfassade des Kulturhauses

Saal bot Platz für 450 Zuschauer. Es gab zu DDR-Zeiten 2000 dieser Kulturhäuser, einige kleiner, die anderen größer. Die Besonderheit von Murchin waren Wand- und Deckenfresken zum Thema deutsch-ungarische Freundschaft. Das Haus erhielt den gleichen Namen wie die Maschinen-Traktoren-Station, die mit dessen Bau belohnt werden sollte: Matyas Rakosi, nach dem damaligen Vorsitzenden des Ungarischen Ministerrats, der sein Land in stalinistischer Manier regierte. Ab 1964 wurde es als Kreiskulturhaus für den Kreis Anklam genutzt.

MIT DEM HYPERDOME IN DIE NEUE FREIHEIT? Nach der Wende sollte das Haus der Jugendkultur dienen, also zog die Großraumdisco HyperDome ein, die jedoch

2002 wieder schließen musste. Der Name der Disco ist heute noch in großer Schrift auf dem Giebel zu sehen. Und auch hier zeigte sich das Schicksal einer großen Immobilie mitten auf dem Land: So schnell fand sich niemand, der es nutzen und dafür Geld in die Hand nehmen wollte. Erst 2019 wurde das Gebäude versteigert. Das Haus mit 2000 Quadratmeter Nutzfläche und 1,8 Hektar Grundstück wurde für ein Mindestgebot von 10.000 Euro ausgeschrieben. Den Zuschlag bekam ein Investor für 65.000 Euro. Am Gebäude wurden seither allerdings keine Baumaßnahmen vorgenommen, lediglich gesichert wurde das Grundstück besser.

LETZTER AUFTRITT Ein kleines Highlight erlebte das Kulturhaus Murchin allerdings im Jahr 2021, als es im jetzigen Zustand nochmals zur großen Bühne wurde – und zwar als Drehort für den Usedom-Krimi »Entführt« mit Katrin Sass.

Kulturhaus Mestlin

Wer ein Stück DDR-Landkultur erleben möchte, das in die heutige Zeit herübergerettet wurde, hat zwar nicht in unmittelbarer Nähe, aber im westlichen Teil des Bundeslandes Mecklenburg-Vorpommern, die Gelegenheit dazu. Ein Pendant zum Kulturhaus Murchin entstand im Bezirk Schwerin, im einst »Sozialistischen Musterdorf« Mestlin, 40 Kilometer östlich der Landeshauptstadt. Das Dorf bekam ein Krankenhaus, Restaurants, eine Oberschule, moderne Wohnungen und – genau wie Murchin – ein Kulturhaus. Heute wird es vom Verein Denkmal Kultur Mestlin e. V. betrieben, der dort Ausstellungen, Konzerte und andere Events veranstaltet.

Rost nagt am Gitter, während Spontanvegetation das alte Kulturgebäude begrünt.

Wirklich gewaltig – die Mauern des alten Klostergebäudes aus Feldsteinen

26

EINE LEICHE IM KERKER

Die Klosterruine Stolpe an der Peene

Der mecklenburgische Volksdichter Fritz Reuter saß einst auf einer Bank in Stolpe und schaute nach Schweden. Ein unterirdischer Gang und ein gruseliger Fund halfen ihm beim Verfassen eines seiner Werke.

Adresse Peenstraße 33, 17391 Stolpe an der Peene, Amt Anklam-Land, Landkreis Vorpommern-Greifswald **GPS** 53.8732, 13.56123 **Anfahrt** A 20 bis AS Anklam, B 199 und weiter über Landstraße; oder A 20 bis AS Jarmen, B 110 bis Stolpe; Busverbindungen ab Anklam und Jarmen

IDYLLISCHER LOST PLACE Es sei vorweggesagt, dass die Klosterruine Stolpe einer der gepflegteren Lost Places ist, fast idyllisch, muss man sagen. Ein ordentlich gemähter Rasen, ein großes, intaktes Stallgebäude aus Feld- und Backsteinen, Bänke und eine freundliche Mönchsskulptur laden einen ein, das Gelände zu betreten. Die Wiese fällt sanft hin zur Peene ab, die hinter Bäumen und Büschen fließt. Der Ortskern erscheint beinahe pittoresk, die reetgedeckten Häuser sind farbenfroh dekoriert. Der Fährmann schippert Fahrradtouristen ans andere Ufer, am kleinen Hafen mit Campingplatz landet eine Gruppe Wasserwanderer und bucht den Platz für die Nacht. Auf der Terrasse des Stolper Fährkruges wird gerade für den Nachmittagskaffee eingedeckt (der Fährkrug ist mit seiner über 350-jährigen Tradition das älteste Gasthaus Vorpommerns).

DAS KLOSTER Ebenfalls das älteste seiner Art – nämlich das älteste Kloster Pommerns – war das 1153 von Benediktinern gegründete Kloster Stolpe. Nach 150 Jahren wechselte es den Orden und wurde ab dieser Zeit von Zisterziensern bewohnt. Mit Einführung der Reformation kam es 1534 zur Säkularisierung; die Gebäude dienten fortan einem herzoglichen Amt. Nach Beschuss im Dreißigjährigen Krieg fielen Teile des ehemaligen Klosters einem Brand zum Opfer. Noch intakte Gebäudeteile wurden indes bis zum Ende des 18. Jahrhunderts genutzt.

DER DICHTER UND DIE HEIMATGESCHICHTE Das heute 350 Einwohner zählende Dorf Stolpe an der Peene hatte früher hohe Gäste. Der mecklenburgische Volksdichter Fritz Reuter besuchte Mitte des 19. Jahrhunderts den Ort regelmäßig. Er saß im Fährkrug auf einer Bank und schrieb an der »Urgeschicht von Meckelnborg«. Sein Lieblingsplatz im Gasthaus heißt heute ihm zu Ehren »Reuter-Bank«. In seinem Text heißt es: »Ick stah anno domini 1860 tau Kloster Stolp bi Anklam in den Goren un kik mit den Herrn Entspekter Knitschky oewer den Gorentun ... – bum! seggt dat unner em. – »Dunner nich enmal!«, segg ick, »wat's dit!« – »Ja«, seggt hei un lacht so recht vennynschen, »sei sünd so'n klauk Küken un weiten allens, willen ok en utgelihrten Ökonomiker sin, un nu weiten S' nich mal, dat Stolp en Kloster west is un dat hir unner uns all' holl un boll is? Hir geiht jo de unnerirdische Gang unner de Peen dörch.« (Reuter stand also im Jahr 1860 mit Inspektor Knitschky im Garten des Klosters Stolp bei Anklam und sah über den Gartenzaun, als es unter ihnen knallte. »Donner noch einmal!«, sagte Reuter, »was ist das?« – »Ja«, sagte Knitschky und lachte verschmitzt, »Sie sind so ein kluger Kerl und wissen alles, Sie wollen ein ausgebildeter Ökonom sein,

Ein freundlicher Mönch empfängt die Besucher mit der Empfehlung »Bete und arbeite!«.

Hier lebten bis ins 16. Jahrhundert Benediktiner- und Zisterziensermönche.

und nun wissen Sie nicht mal, dass Stolpe ein Kloster war und unter uns alles hohl ist? Hier geht doch der unterirdische Gang unter der Penne durch.«) Ein Tunnel also … interessant. Doch außer Inspektor Knitschky weiß davon offenbar niemand mehr etwas. Wurde er möglicherweise zugeschüttet? Die Peene war schließlich einmal der Grenzfluss zwischen Schweden und Preußen.

HIER PREUSSEN, DORT SCHWEDEN Vorpommern kam mit dem Westfälischen Frieden von 1648 zu Schweden. Der Teil südlich der Peene, also auch der Ort Stolpe, wechselte bereits nach dem Großen Nordischen Krieg 1720 zu Preußen, und erst nach der Neuordnung Europas auf dem Wiener Kongress 1814, nach Napoleons Niederlage, kam der nordwestliche Teil Pommerns ebenfalls zu Preußen. Dieser wurde als »Neuvorpommern und Rügen« bezeichnet, während der südliche Teil fortan »Altvorpommern« hieß. Im Jahr 1860, als Fritz Reuter im Fährkrug saß, schaute er also von Preußen (und nicht von Mecklenburg) aus hinüber nach Schweden. Und was taten sie nun, der Dichter und der Inspektor, nachdem sie im Garten stehend den Knall gehört hatten? Sie gruben, um den unterirdischen Gang zu finden. Zuerst musste das Kohlbeet weichen, dann stießen sie auf ein Gewölbe – für den Dichter ein schmerzhaftes Unterfangen, denn er stürzte gleich hindurch auf den feuchten Boden. Tatsächlich führte, wie die beiden vermutet hatten, ein Gang hinab zur Peene, wo sie aber weiter nichts finden konnten. In die andere Richtung aber stießen sie auf eine eisenbeschlagene Tür mit einem Schloss. Ein Stein reichte aus, um es zu öffnen und einen gruseligen Fund zu machen: Ein menschliches Gerippe saß auf einem Stuhl, den Kopf auf die Hand gestützt, als würde es denken, in der Hand eine Schreibfeder. Eine Pritsche erinnerte den Autor an seine eigene Zeit in der Festungshaft zu Dömitz. Sofort erkannte er in dem armen Gesellen einen Kollegen – auch er hatte ein Buch vor sich liegen. Fritz Reuter und Inspektor Knitschky hatten zwar keinen Tunnel gefunden, wohl aber das Klostergefängnis. Und das Buch, das der arme sündige Mönch dort verfasst hatte, war kein anderes als die »Urgeschicht von Meckelnborg« … so zumindest erzählt es Fritz Reuter in seinem Vorwort.

FREI ZUGÄNGLICH Von der Klosterruine ist noch ein beeindruckendes Gewölbe aus Feldsteinen erhalten. Es ist gesichert, auch im Inneren frei zugänglich und zeigt eindrücklich die Bauweise und Mächtigkeit der Mauern des alten Klostergebäudes. Und auch zwei Nebengebäude – ein größerer Stall und ein Amtshaus, das nach der Säkularisierung aus den Klostersteinen gebaut wurde – sind erhalten geblieben.

Einzigartige Natur

Das Peenetal bietet eine beeindruckende Flusslandschaft mit dem größten zusammenhängenden Niedermoor Norddeutschlands. Hier konnten sich eine einzigartige Pflanzenwelt und viele bedrohte Tierarten ansiedeln, die aufgrund der geringen Bevölkerungsdichte ungestörte Flächen finden. Von Stolpe können diese auf dem Wasser erkundet werden. Und zum Abschluss bitte den Besuch der »Reuter-Bank« im Fährkrug nicht vergessen (Peenestraße 33, 7391 Stolpe an der Peene, Tel. 039/721 55 00, gutshaus-stolpe.de/restaurants/stolper-faehrkrug.html)!

↓ Die Einflugschneise rechts unten ist geöffnet.

↘ Das älteste Gasthaus Vorpommerns, früher an der Grenze zu Schweden

27

ZWEI SEHENSWERTE NACHBARN

Kirchenruine und Grabkapelle – ein interessantes Ensemble

Die Ruine der mittelalterlichen Dorfkirche in Steinfurth hat Mitte des 19. Jahrhunderts mit einer neogotischen Grabkapelle nach Entwürfen des preußischen Stararchitekten Stüler den perfekten Kontrast erhalten.

Adresse Dorfstraße auf Höhe der Hausnummer 21, 17495 Karlsburg, Amt Züssow, Landkreis Vorpommern-Greifswald **GPS** 53.9721, 13.6509 **Anfahrt** A 20 bis AS Gützkow, B 111 und B 109 bis Karlsburg, weiter über Landstraße; Busverbindungen ab Greifswald und Wolgast

Neben Steinkreuzen sind auch gusseiserne Grabkreuze auf dem alten Friedhof von Steinfurth zu finden.

ABSEITS DER HAUPTSTRASSEN Das Dorf Steinfurth besteht nur aus einer Straße. Es liegt unweit der Bundesstraße 109, die Greifswald mit Anklam verbindet. In dieser Gegend gibt es weite Felder, Alleen, die Landschaft ist in sanften Hügeln geformt. Steinfurth hat 150 Einwohner, ein Kulturhaus und einen Bioland-Hof. Und einen verlassenen Ort: Von der alten Dorfkirche aus dem 14. Jahrhundert ist heute nur mehr eine Ruine übrig. In der Reihe der Häuser liegt ein Grundstück hinter einem schwarzen, gusseisernen Zaun. Zwei Torbögen aus Feldsteinen, Mauerreste aus Ziegel- und Feldsteinen zeigen den Ort, an dem einst die Kirche im Dorf stand. Im Jahr 1664 stürzte der Kirchturm ein, vermutlich aufgrund einer Beschädigung aus dem Dreißigjährigen Krieg. Dabei wurde das dreijochige Kirchenschiff zerstört. Seine Geschichte als Gotteshaus war damit vorbei, die Gemeinde zog in das drei Kilometer entfernte Zarnekow um, und die Kirche durfte als Ruine die weitere Zeit überdauern. Heute sind noch Reste des Turms, Teile des Mauerwerks des Schiffes sowie der stufige Triumphbogen erhalten. Vom Chor existieren zudem Reste der südlichen Wand mit kleinen Konsolen, die früher das Gewölbe trugen. Der Kirchhof wurde noch bis ins 19. Jahrhundert genutzt. Daran erinnern einige steinerne und gusseiserne Grabkreuze.

Mauerreste aus Feld- und Backsteinen im ehemaligen Kirchenschiff

GRABKAPELLE FÜR FRAU VON BISMARCK-BOHLEN Fast 200 Jahre nach dem Einsturz der Kirche hat sie aber noch einen ansehnlichen Nachbarn bekommen. Auf dem ehemaligen Kirchhof entsteht durch eine neue Grabkapelle ein interessanter Kontrast. Hinter einigen Steinhaufen strahlt in hellem Gelb, schlank und elegant, die in neogotischem Stil errichtete Grabkapelle der Grafenfamilie von Bismarck-Bohlen. Die Familie hatte im drei Kilometer entfernten Schloss Karlsburg residiert, das heute von der Universität Greifswald genutzt wird. Theodor Alexander von Bismarck-Bohlen ließ die Grabkapelle nach einem Entwurf von Friedrich August Stüler im Jahr 1858 für seine verstorbene Gattin Karoline von Bohlen bauen. Stüler war Mitte des 19. Jahrhunderts einer der bedeutendsten preußischen Architekten und entwarf unter anderem die Pläne für das Berliner Stadtschloss und das Neue Museum in Berlin. In der Grabkapelle finden heute noch Gottesdienste statt.

FACHKUNDIG GESICHERT Auch die Ruine der alten Dorfkirche von Steinfurth blieb nicht sich selbst und damit dem weiteren Verfall überlassen. Unter fachlicher denkmalpflegerischer Aufsicht sicherten Jugendliche der Jugendbauhütte Mecklenburg-Vorpommern in Ferienprojekten und im Rahmen eines Freiwilligen Ökologischen Jahrs in den vergangenen Jahren die Ruine. Die vorhandenen Steine wurden dabei genutzt, um die Mauerreste abzustützen und zu ergänzen. Wer noch mehr über die Kultur in Steinfurth, den Erhalt der Kirchenruine und das Leben von Caroline Gräfin von Bismarck Bohlen erfahren möchte, sollte den Blog caroline-graefin-bb.de lesen.

Das besondere Erlebnis

Ein Dorf, das viel zu bieten hat – so könnte das Motto des kleinen Ortes Steinfurth lauten. Denn abseits von Kirchenruine und Grabkapelle ist das kulturelle Leben hier sehr lebendig. Denn ebenso wie Murchin (s. Seite 116) bekam auch Steinfurth in den 1950er-Jahren ein Land-Kulturhaus. Doch anders als das größere Pendant wurde das Gebäude hier erhalten und wird heute als Atelier und Veranstaltungsraum genutzt. Während des Steinfurther Musiksommers finden dort zahlreiche Musik-, Tanz- und Performance-Veranstaltungen statt. Im Ort werden regelmäßig thematische Dorfspaziergänge und Tage der offenen Gärten angeboten. Information dazu finden Sie auf der Seite kunstundnatur-steinfurth.de.

Der Bogen hält noch; die Ruine wird unter fachkundiger Begleitung von Jugendprojekten gesichert.

Am Stadtrand von Greifswald liegt die Ruine des Klosters Eldena.

28

DAS SYMBOL DER DEUTSCHEN ROMANTIK

Die Klosterruine Eldena

Das beliebteste Motiv des bedeutendsten deutschen Malers der Romantik, Caspar David Friedrich, ist der Turm des Klosters Eldena. Heute bietet die Klosterruine eine ebenso romantische Kulisse für Kulturevents.

Adresse Wolgaster Landstraße 41, 17493 Greifswald, Landkreis Vorpommern-Greifswald **GPS** 54.0896, 13.4523 **Anfahrt** A 20 bis AS Greifswald, B 111 und B 109; oder A 20 bis AS Gützkow und Landstraße; Zugverbindungen ab Hamburg, Berlin und Swinemünde, weiter mit Stadtbussen

MOTIV IN ZAHLREICHEN BILDERN In den Werken von Caspar David Friedrich, dem bedeutendsten deutschen Maler der Romantik, taucht immer wieder ein Motiv auf: der Backsteinbogen der Klosterruine Eldena … mal als »Abtei im Eichenwald«, als »Klosterruine Eldena bei Greifswald«, als »Ruine Eldena mit Begräbnis« oder als »Abtei Eldena«. Und aus verschiedenen Blickwinkeln, unterschiedlichen Jahreszeiten, sogar in eine andere Landschaft projiziert, beispielsweise bei der »Klosterruine Eldena im Riesengebirge«. Der markante Turmstumpf taucht in einer Vielzahl an Bildern seines umfangreichen Werkes auf und macht es so zu einem eindrücklichen Symbol der deutschen Romantik. Caspar David Friedrich wurde 1774 in Greifswald geboren, zog aber 1803 nach Dresden, wo er 1840 verstarb. Nach seinem Studium in Kopenhagen entstanden in den Jahren vor seinem Umzug die meisten Skizzen und Werke auf der Insel Rügen und an der Ruine Eldena.

KLOSTER-HISTORIE Das Kloster Eldena selbst ist allerdings um vieles älter. Es wurde 1199 am heutigen Greifswalder Bodden gegründet, erst später entstanden die Orte Eldena und Greifswald. Der Ort des Klosters wurde aufgrund einer ergiebigen Saline gewählt. Es war ein Tochterkloster der dänischen Abtei Esrom, denn zu dieser Zeit unterstand der Rügenfürst dem dänischen König. Das Kloster wurde in den folgenden 200 Jahren ausgebaut. Seine Bedeutung ist auch dadurch belegt, dass viele der Herzöge von Pommern im Kloster ihre Ruhestätte fanden. Einige graue Grabplatten sind in den Klostermauern noch zu sehen. Der Ostflügel des Klosters, der heute am besten erhaltene Gebäudeteil, stammt aus der Mitte des

Im 12. Jahrhundert wurde Eldena als Ableger eines dänischen Klosters gegründet.

Vom beeindruckenden Mauerwerk des Seitenschiffes ist noch viel erhalten;
einige Steine wurden aber zum Bau der Stadtmauer verwendet.

Der Park ist regelmäßig Kulisse für kulturelle Veranstaltungen.

13. Jahrhunderts, wurde aber bis ins 15. Jahrhundert mehrfach umgebaut. Er hat eine Länge von 42 und eine Breite von fast zwölf Metern. Im Obergeschoss befand sich der Schlafsaal der Mönche, im Untergeschoss waren der Klausurflügel und die Klosterkirche untergebracht.

WIEDERVERWERTUNG DER MAUERSTEINE Im Jahr 1534 verabschiedete sich Pommern vom katholischen Glauben und erkannte die Reformation für sein Herzogtum an. Die Säkularisierung traf auch das Kloster Eldena. Mit seinen Gebäuden und Ländereien wurde es ein herzoglicher Gutshof. Die weltlichen Herrscher waren gnädig und gewährten dem letzten Abt und dem letzten Prior Wohnrecht und Pension auf Lebenszeit. Während des Dreißigjährigen Krieges wurde das ehemalige Kloster stark beschädigt, verfiel in der Zeit der schwedischen Besetzung, die bis 1815 andauerte, und die Ruine wurde schließlich zum Steinbruch. So fanden die Steine der Klostermauer beispielsweise einen neuen Platz in der Stadtbefestigung von Greifswald sowie beim Bau des Amtsgebäudes der Universität. Die Klosterruine wird seit 1827 konservativ gesichert und damit vor weiterem Verfall geschützt.

Kulturelles rund um die Ruine

Die Mauerreste der beiden Gebäudeflügel und des alleinstehenden Turmes sind beeindruckend. Viele Fenster und Torbögen lassen

noch die Gestalt des alten Klosters erahnen. Beim Durchstreifen der Ruine und des Parks mit seinen mächtigen Eichen ergeben sich immer wieder neue Perspektiven auf das hellrote Mauerwerk. Heute hat die Parkanlage mit der romantischen Kulisse wieder eine kulturelle Bedeutung bekommen. Rund um die Ruine finden Theateraufführungen und Konzerte statt, zum Beispiel die Eldenaer Jazz Evenings und Konzerte im Rahmen der Festspiele Mecklenburg-Vorpommern. Der jährlich im Frühsommer stattfindende Klostermarkt zeigt Kunst- und Schauhandwerk, und die Kunstwerke des romantischen Malers können Sie im Caspar-David-Friedrich-Zentrum in der Innenstadt von Greifswald bewundern – dort zum Beispiel im Eldena-Raum.

Der Turmstumpf – ein beliebtes Motiv des Malers Caspar David Friedrich

29

ENERGIE FÜR DEN SOZIALISTISCHEN AUFBAU

Das Kernkraftwerk Greifswald/Lubmin

Eines der Kernkraftwerke der DDR stand bei Greifswald. Seit einigen Jahren wird es demontiert, doch ein Kraftwerksblock und das Gebäude selbst sind noch zu besichtigen.

Adresse Südring, 17509 Lubmin, Amt Lubmin, Landkreis Vorpommern-Greifswald **GPS** 54.1418, 13.6633 **Anfahrt** A 20 bis AS Greifswald, B 109 und Landstraße oder A 20 bis AS Gützkow, B 111 und B 109, dann die Landstraße; Busverbindungen ins Ostseebad Lubmin ab Wolgast und Greifswald plus drei Kilometer Fußweg

Das VE Kombinat Kernkraftwerke »Bruno Leuschner« in Lubmin bei Greifswald war das größte Kernkraftwerk der DDR.

STROM FÜR DEN GANZEN NORDEN

Nicht weit vom Ostseebad Lubmin entfernt stand einst das größte Kernkraftwerk der DDR – besser gesagt das größere von insgesamt nur zweien (das zweite war in Rheinsberg). Es wurde als VE Kombinat Kernkraftwerke »Bruno Leuschner« Greifswald ab 1974 schrittweise in Betrieb genommen und produzierte 1989 in fünf betriebsfertigen Druckwasserreaktor-Blöcken eine Energie von über 10.000 Gigawattstunden – das entspricht etwa der privaten Energieversorgung von Mecklenburg-Vorpommern nach heutigen Werten des Durchschnittsverbrauchs. Im Werk arbeiteten bis zu 10.000 Beschäftigte. Die Reaktoren sowjetischer Bauart wurden mit Brennstäben aus Uranoxid betrieben. Es waren sogenannte WWER-Reaktortypen, also wassergekühlte und wassermoderierte Energiereaktoren. Kühlwasser gab es reichlich, es wurde dem Greifswalder Bodden entnommen. Zusätzlich versorgte die Wärme des Abwassers 14.000 Wohnungen und ein Industriegebiet mit Fernwärme. Allerdings gab es im Betrieb auch regelmäßig Probleme mit Materialermüdung durch den permanenten Beschuss mit Neutronen und Rostschäden durch das Kühlwasser. Die Ummantelung des Brennstoffs und des ersten Reaktorkreislaufs mit nur zwei Schutzbarrieren wäre einem Störfall kaum gewachsen gewesen. Die Sicherheitsmängel waren der Staatssicherheit durchaus bekannt. Sie war mit 25 hauptamtlichen sowie 300 inoffi-

Der alte Kraftwerksblock wird seit vielen Jahren behutsam demontiert; kontaminiertes Material kommt in ein Zwischenlager.

ziellen Mitarbeitern ebenfalls in Werksnähe stationiert. Die Sicherheitslage wurde jedoch als streng geheime Verschlusssache gehandhabt. Atomkraft sollte in der DDR als sichere Energiequelle angesehen werden; Proteste wie im Westen zur Zeit der Anti-Atom-Bewegung wollte man hier keinesfalls.

BEINAHE-STÖRFALL Zu größeren Zwischenfällen kam es am Standort Lubmin glücklicherweise nicht, doch es gab mindestens einen dokumentierten Beinahe-Zwischenfall. Im Dezember 1975 brannte es im KKW Greifswald. Der Grund dafür war eine Lehrstunde für die Lehrlinge des Kombinats. »Jetzt zeige ich euch mal, wie man einen Schaltkreis überbrückt«, dachte sich ein Elektriker des Werkes und löste dadurch einen Kurzschluss aus und der wiederum einen Kabelbrand an einem Reserve-Trafo im Kraftwerksblock 1. Schnell verbreitete sich das Feuer über den Hauptkabelkanal. Fünf von sechs Kühlpumpen fielen dadurch aus. Die sechste konnte den Reaktor noch notdürftig kühlen, bis die Werksfeuerwehr den Brand gelöscht hatte und die Pumpen wieder in Betrieb genommen werden konnten. Maßnahmen zum Brandschutz wurden erst elf Jahre nach dem Vorfall umgesetzt; in der Zeit gab es mindestens einen weiteren Brand in der Wasseraufbereitungsanlage. Der Fall wurde erst 1989 öffentlich bekannt.

JAHRELANGE DEMONTAGE Als nach dem Mauerfall 1990 die westdeutsche Gesellschaft für Reaktorsicherheit die Anlage überprüfen konnte, wurde sie aufgrund mangelnder Sicherheitsstandards stillgelegt. Seit 1995 wird das Gebäude schrittweise zurückgebaut. Zunächst war geplant, radioaktiv belastete Gebäudeteile zu verschließen und erst nach 50 Jahren abzureißen, wenn die Radioaktivität weiter abgeklungen wäre. Der jetziger Plan sieht vor, das Gebäude bis 2028 komplett zurückzubauen. Auf dem Gelände des ehemaligen Kernkraftwerkes befindet sich nun das Zwischenlager Nord (ZLN). Seit 1995 wurden 1,8 Millionen Tonnen kontaminiertes Material vom KKW Rheinsberg und KKW Greifswald zerlegt und strahlungssicher verpackt. Das Material, das nicht weiter dekontaminiert werden kann, wird im ZLN gelagert, bis ein Ort für ein Endlager in Deutschland gefunden ist. Die Kosten für den Rückbau betrugen seit 1995 etwa 6,6 Milliarden Euro. Heute ist Lubmin vor allem durch die Gaspipeline Nordstream bekannt. Die beiden Rohrleitungen Nordstream 1 und Nordstream 2 erreichen am Hafen von Lubmin das deutsche Festland (s. Seite 80).

Einblicke ins KKW

Der Betreiber des ZLN, die Entsorgungswerke für Nuklearanlagen, bietet geführte Besichtigungen in dem alten Reaktorblock 6 an, der zwar fertiggestellt wurde, aber nicht in Betrieb ging. Im Informationszentrum zeigt eine ständige Ausstellung die Geschichte des KKW Greifswald und klärt über den Rückbau der Anlage auf. Informationen zur Führung, für die eine Anmeldung nötig ist, und zur Ausstellung gibt die Seite www.ewn-gmbh.de.

Blick vom Hafen Lubmin auf die Rückseite der Kraftwerksanlage

Eine beeindruckende Anlage: die Festungsruine Landskron, hier das Nebengebäude, vom Innenhof aus gesehen

30

ZWEI GRENZANLAGEN

Schloss Putzar und die Veste Landskron im Landgrabental

Gleich zwei Ruinen finden sich an der einst gut bewachten Grenze zwischen Vorpommern und Mecklenburg. Die eine war einst eine stolze Burg, die andere ein doppeltes Schloss.

Adresse Schloss Putzar Dorfstraße, 17392 Putzar, Amt Anklam-Land, Landkreis Vorpommern-Greifswald **GPS Schloss Putzar** 53.71198, 13.6543
Anfahrt Schloss Putzar A 20 bis AS Anklam, B 199 und weiter über Landstraße; oder A 20 bis AS Neubrandenburg-Ost, B 197 und weiter über Landstraße; Busverbindungen ab Anklam

Adresse Veste Landskron Janow Ausbau, 17392 Neuendorf B, Gemeinde Spantekow, Amt Anklam-Land, Landkreis Vorpommern-Greifswald **GPS Veste Landskron** 53.7658, 13.3800
Anfahrt Veste Landskron A 20 bis AS Anklam, B 199 und weiter über Landstraße; Busverbindungen ab Anklam bis Janow

IM LANDGRABENTAL Südlich von Anklam, nicht weit von der Stadt Friedland entfernt, verlief durch das Landgrabental einst die Grenze zwischen den Herzogtümern Pommern und Mecklenburg. Entlang dieser Grenze, wo damals schwer zu überwindender Morast war, finden sich noch die Überreste vieler Burg- und Festungsanlagen. Nur einen Steinwurf – oder Kanonenschuss – entfernt von Schloss Putzar (genau genommen sind es neun Kilometer), liegt auf mecklenburgischer Seite Galenbeck mit seinem schiefen Turm.

EIN SCHLOSS AUS ZWEI GEBÄUDEN Anders als an vielen anderen Stellen der mecklenburgisch-pommerschen Grenze wurde in Putzar auf einen Burgbau verzichtet. Stattdessen einigten sich die Herzöge von Mecklenburg und Pommern auf den Bau eines festen Hauses, das zu ebener Erde stehen und keinen Burggraben haben sollte. Dadurch war es weniger befestigt und auch weniger wehrhaft als eine Burganlage. Im frühen 15. Jahrhundert kam Putzar als Lehen an die Familie von Schwerin, einen Zweig der mecklenburgischen Fürstenfamilie. Die Schlossruine von Putzar steht heute in einem Landschaftspark und ist eigentlich der Überrest zweier direkt benachbarter Herrenhäuser aus dem 16. Jahrhundert: des Ulrichsbaus und des Joachimsbaus. Der Ulrichsbau geht auf den Pommerschen Hofgroßmeister Ulrich I. von Schwerin zurück, der Joachimsbau auf seinen Sohn Joachim von Schwerin. Die Schlosskirche wurde im 18. Jahrhundert in Stil der Renaissance umgebaut. In der Kirche und auf dem Friedhof sind alte Grabplat-

Zum Schutz vor der Witterung erhielt der Joachimsbau des Schlosses Putzar ein provisorisches Dach.

ten der Familie von Schwerin erhalten. Im 19. Jahrhundert wurde die Anlage um ein Vorwerk, den Charlottenhof, ergänzt und der Landschaftspark angelegt. Putzar war in dieser Zeit ein Gutshof mit 1100 Hektar Land und rund 250 Einwohnern. Nach dem Aussterben einer der Erblinien verfiel der Ulrichsbau, während der Joachimsbau erweitert wurde, möglicherweise sogar mit Baumaterial aus dem einst väterlichen Gebäude. Die Herrenhäuser blieben bis 1945 im Besitz der Grafen von Putzar und Schwerin. Nach der Enteignung unter sowjetischer Besatzung siedelte die Familie nach Württemberg um. Nach dem Krieg wurden im Joachimsbau zunächst Flüchtlinge untergebracht, später diente er als Lager und verfiel zusehends. Im Jahr 1971 stürzte der Dachstuhl ein, und das ehemaliger Herrschaftshaus wurde wie der nachbarliche Ulrichsbau zur Ruine. Auch der Park wurde zu DDR-Zeiten nicht mehr gepflegt; heute befindet er sich in Gemeindebesitz. Ab 1990 begann man, die Überreste der beiden Gebäude vor dem weiteren Verfall zu schützen; der Joachimsbau bekam zu diesem Zweck ein Schutzdach. Auch der Landschaftspark am Putzarer See mit wertvollem Baumbestand wurde wieder hergerichtet. Bemerkenswert ist unter anderem ein stattlicher Baum, der auf einem Torbogen der Ruine des Ulrichsbaus wächst.

MÄCHTIGE VESTE LANDSKRON Einige Kilometer westlich befindet sich die beeindruckende Burgruine der Veste Landskron. Diese ließ der Sohn Ulrichs I., Ulrich II. von Schwerin, etwa 30 Jahre nach der Anlage von Putzar erbauen. Sie wurde jedoch kaum 75 Jahre danach schon wieder aufgegeben –

↓ Gleicher Bauherr, gleicher Stil: der Ulrichsbau in Putzar …

↘ … und der bewucherte Turm der Veste Landskron

Im Vordergrund die Burgkapelle, im Hintergrund die Hauptburg der Festung Landskron

nicht aufgrund von äußeren Ereignissen (den Dreißigjährigen Krieg hat sie wohl ohne Gefecht überstanden), sondern des lieben Geldes wegen. Nach dem Ende der Erbschaftslinie des Enkels von Ulrich II. gelangte alles in den Besitz der Familie von Pentz. Der Burgherr war jedoch verschuldet, konnte die Anlage nicht erhalten und gab sie vermutlich um 1668 auf. Später erwarb die Familie von Schwerin die Anlage zurück, ließ sie aber nicht mehr renovieren– ein Schicksal, das die Burg mit vielen verlassenen Orten in dieser Region teilte. Und so wurde die Burgruine bereits im 19. Jahrhundert zu einem beliebten Ausflugsziel. Ursprünglich bestand sie aus einer äußeren Burgmauer mit Vorburg, einer Kirche und der inneren Burganlage. Die innere Burg war von einem Wassergraben umgeben und hatte einen rechteckigen Grundriss mit vier Türmen an den Ecken. Von der mächtigen Burganlage sind noch viele Mauern erhalten. Die Ruine ist gesichert und kann auch besichtigt werden. Auf einem der Türme führt eine Treppe hinauf zu einer Aussichtsebene.

Abstecher

Etwa auf halbem Weg zwischen beiden Ruinen liegt die Festung Spantekow, die älteste und bedeutendste Renaissance-Burganlage Norddeutschlands. Sie wurde ebenfalls Mitte des 16. Jahrhunderts von Ulrich I. von Schwerin erbaut. Zurzeit (Stand 12/2022) befindet sich die Anlage allerdings im Umbau und kann nicht besichtigt werden. Mit Fördermitteln des Landes Mecklenburg-Vorpommern wird hier eine Musikakademie errichtet. Einige Überreste des barocken Schlosses der Familie von Schwerin sind wiederum in Schwerinsburg, etwa vier Kilometer von Putzar entfernt, noch vorhanden. Und auch ein Ausflug auf die andere Seite der Grenze zwischen Vorpommern und Mecklenburg lohnt sich. Nur wenige Kilometer entfernt, in Galenbeck, kann der schiefe Schutzturm besichtigt werden, der sich im weichen Moorboden langsam, aber stetig zur Seite neigt. Die Geschichte der Burg Galenbeck ist im Band »Lost & Dark Places Mecklenburg« beschrieben.

Noch gut erhalten, doch längst unbewohnt: das Gutshaus Nadrensee, wenige Kilometer von der polnischen Grenze entfernt

32

ZWEI ANWESEN IN RANDLAGE

Die Gutshäuser Nadrensee und Radewitz

Im südöstlichsten Zipfel von Vorpommern warten zwei verlassene Herrschaftshäuser auf ein neues Leben in alten Gemäuern. Und wer weiß – vielleicht profitieren sie ja von der Grenznähe zu Brandenburg und Polen?

Adresse Gutshaus Nadrensee Dorfstraße 13, 17329 Nadrensee, Amt Löcknitz-Penkun, Landkreis Vorpommern-Greifswald **GPS Gutshaus Nadrensee** 53.3323, 14.3457 **Anfahrt Gutshaus Nadrensee** A 11 bis AS Penkun, B113 bis Krackow und weiter über Landstraße

Adresse Schloss Radewitz Zur Schlossallee, 17328 Penkun, Amt Löcknitz-Penkun, Landkreis Vorpommern-Greifswald **GPS Schloss Radewitz** 53.2928, 14.1538 **Anfahrt SchlossvRadewitz** A 11 bis AS Schmölln, weiter über Landstraße

GUTSHAUS NADRENSEE Die Pflastersteine der Dorfstraße von Nadrensee glänzen im Regen. Es ist ein trüber Herbsttag, das Dorf, das aus nicht viel mehr als den Häusern an der geraden Dorfstraße besteht, ist verlassen. In der Dorfmitte befindet sich das alte Gutshaus. Das blasse Gelb der Fassade besitzt noch etwas Leuchtkraft, auch wenn der Putz hier und dort schon blättert. Dass es unbewohnt ist, verraten vor allem der verwilderte Vorgarten und die kahlen Fensterscheiben, von denen an diesem Tag einige geöffnet sind. Am Zaun – originale DDR-Schmiedekunst! – ist das Plakat einer Baufirma angebracht. Doch Spuren von Baumaterial oder andere Hinweise auf Bautätigkeiten fehlen. In direkter Nachbarschaft befinden sich die Stallungen. Diese scheinen zum Teil genutzt zu werden. Die Fenster zur Straße hin sind zugemauert, doch neue Verteilerkästen sind an der Fassade angebracht. Sie stammen wohl (glaubt man der Ansicht auf Google Earth) von der Solaranlage auf dem Dach, die von der Straße aus nicht zu erkennen ist. Eine alte Fahrzeugwaage mit zugehörigem Instrumentenhäuschen hat aber definitiv ausgedient. Plakate des Bauernverbandes werben hier für den Beruf des Landwirts und dessen Verbundenheit mit der Natur.

KAUM GESCHICHTLICHE FAKTEN Ein Gedenkstein erinnert noch an den letzten Gutsherrn in Nadrensee, Horst von Oppenfeld, der das Herrschaftshaus bis zur Enteignung 1945 bewirtschaftet hatte. Sehr viel mehr ist über die Historie dieses Anwesens nicht in Erfahrung zu bringen, außer dass ein Vorgängergebäude bereits im Jahr 1490 im Be-

Original DDR-Design:
der Gartenzaun des Gutshauses Nadrensee

sitz der Familie Bröcker war. Der zweigeschossige, elfachsige Putzbau mit Mittelrisalit hat ein Krüppelwalmdach. Von 1648 bis 1815 stand Nadrensee unter schwedischer Verwaltung.

SUBSTANZ FÜR DIE ZUKUNFT? Auch wenn der Eindruck an diesem Herbsttag etwas Trostloses hat, scheint dieses Gutshaus mehr Potenzial zu haben als viele andere, die ich in Vorpommern besucht habe, nicht zuletzt wegen des sichtlich guten Zustands der Bausubstanz. Die Gegend im äußersten südöstlichen Zipfel von Mecklenburg-Vorpommern ist zwar kaum touristisch, könnte aber durch die Grenzlage auch profitieren. Von Nadrensee sind es nur rund 20 Kilometer bis ins Zentrum von Stettin, die Entfernung zur polnischen Grenze beträgt etwa zwei Kilometer Luftlinie. Noch näher sind die Grenze zum Bundesland Brandenburg und die Autobahn Berlin–Stettin.

GUTSHAUS RADEWITZ Das Dorf Radewitz, ein Ortsteil von Penkun, etwa 20 Kilometer von Nadrensee in Richtung Westen entfernt, ist die nächste Station an diesem Tag. Die Nachbargemeinde Penkun liegt etwas südlicher als Nadrensee, und beide gehören zum Amt Löcknitz-Penkun. Das Gutshaus Radewitz begrüßt mich gleich am Ortseingangsschild. Das Grau der Fassade wirkt weniger herrschaftlich als das Hellgelb von Nadrensee. Es fehlen einige Fensterscheiben, und an der Seite ist das Gebäude durch einen Bauzaun abgesichert. Die Eingangstür, über mehrere Treppenstufen erreichbar, dürfte früher sehr schmuckvoll gewesen sein. Ein Blick durch ein offen stehendes Fenster lässt das einst noble Interieur erahnen. Leider ist das Betreten des Hauses, so zu lesen auf Schildern und der Fassade, verboten. Doch ein Weg, der an der Seite des Anwesens entlang in den einst prachtvollen Park führt, ist nicht abgesperrt.

Die schlichte Vorderseite des Gutshauses Radewitz, teilweise mit Brettern verbaut

Auch nicht mehr in Benutzung: der Schuppen neben dem Gutshaus

LÖCHRIGE HISTORIE Gut Radewitz gehörte seit 1836 der Familie von Ziethen. Sie ließ eines der älteren Gebäude zu einem repräsentativen Herrenhaus umbauen, wohl in der Zeit um 1850. Zu Beginn des 20. Jahrhunderts wurden noch weitere Umbauten vorgenommen, und bis 1999 war dort ein Alten- und Pflegeheim untergebracht. Seither steht es aber leer.

Weitere Ausflugsziele

Etwa auf halbem Weg zwischen Nadrensee und Radewitz liegt die Stadt Penkun. Dort befindet sich mit Schloss Penkun das größte erhaltene Schloss Vorpommerns, inzwischen auch in gut renoviertem Zustand. Ein erstes Burggebäude an seiner Stelle stammte aus dem 12. Jahrhundert. Im Verwalterhaus des Schlosses befindet sich das Grenz- und Zollmuseum, im Keller kann eine Ausstellung zum Gerichtswesen in Pommern besucht werden. Und auch ein Besuch jenseits der Grenze lohnt sich. Die einstige pommersche Hauptstadt Stettin, eine lebendige Metropole mit 400.000 Einwohnern, ist von hier nur gut 20 Kilometer entfernt.

In Radewitz begrüßt ein verwittertes Schild die Besucher.

33

STILLE WASSER SIND UNHEIMLICH

Der Herthasee im Nationalpark Jasmund auf Rügen

Die Altäre sollen von Brandopfern geduftet haben und das Wasser des Sees schwarz von Menschenblut gewesen sein. Schon im alten Rom erzählte man sich die Sage vom Herthasee. Doch trug sich das Geschehen wirklich auf Rügen zu?

Adresse Stubbenkammer, 18546 Sassnitz Landkreis Vorpommern-Rügen **GPS** 54.5695, 13.6490 **Anfahrt** A 20 bis AS Stralsund, B 96 bis Sassnitz, weiter über Landstraße; Busverbindungen ab Sassnitz und Kap Arkona

Kaum einen Kilometer vom Nationalparkzentrum Stubbenkammer entfernt liegt der idylllische See.

Zur Zeit badender Göttinnen soll hier reichlich Blut geflossen sein.

DIE GÖTTIN BEIM BADE Ein Opferstein ist heute noch der sichtbare Beleg. Am Herthasee, in einem Buchenwald nicht weit von Rügens höchster Steilküste, dem Königsstuhl, hat sich einst Schauriges zugetragen. Die germanische Göttin Hertha, auch »Erdmutter Nerthus« genannt, so erzählt es der römische Historiker Tacitus, soll mehrmals jährlich hierher zum Bade gekommen sein; im 17. Jahrhundert verortete man die Geschichte an besagter Stelle. Das Bad an sich wäre natürlich nicht unheimlich, der Fortgang der Geschichte hingegen schon eher. Denn da kein Sterblicher die Göttin beim Bade betrachten durfte, wurde jeder, der sie sah, am See geopfert. Das Blut der Unglücklichen sickerte über die Rinnen des Opfersteins langsam ins Wasser. Allerdings: Ganz einig darüber, welche Begebenheiten sich in den finsteren Zeiten zugetragen haben, sind sich die Chronisten nicht. Andere erzählen vielmehr von heiligen Kühen, die den Wagen der Göttin zogen, der dann von Sklaven im Herthasee blank geputzt werden

Ein Spazierweg führt um den fast kreisrunden See herum und zu den Resten der slawischen Herthaburg.

musste. Zum »Dank« wurden die Sklaven anschließend geopfert – schließlich sollten auch sie später nicht vom Bade der Gottheit berichten.

SPUREN IM STEIN Dass in grauer Vorzeit der Herthasee Unmengen menschlichen Blutes »trinken« musste, soll auch noch ein anderes »Beweisstück« bezeugen. Ein Opferstein mit Einkerbungen – ganz offensichtlich Blutschalen und Rinnen, in denen das Blut abfloss, ist am Seeufer zu finden. Die Einkerbungen werden als Fußspuren eines Kindes, eines Erwachsenen und eines Hasen gedeutet. Um die Entstehung dieser Kerben ranken sich einige Mythen. Einer erzählt von einer Jungfrau, die sich einst einer Reinheitsprobe unterziehen musste. Ihr erschien ein Engel in Form eines Kindes. Beide, die Jungfrau und das Kind, setzten ihren Fußabdruck in den Stein. Der dritte Abdruck – der des vermeintlichen Hasen – stammte allerdings vom Teufel, mit dem die Jungfrau im Bund gewesen sein soll. Theodor Fontane greift die Hertha-Sage in seinem Werk »Effi Briest« auf und lässt seine Hauptfigur über ihren Ausflug zum Herthasee Folgendes berichten: »Und denken Sie sich, Jahnke, dicht an dem See standen zwei große Opfersteine, blank und noch die Rinnen drin, in denen vordem das Blut ablief.« Effi Briest war so schockiert von dieser Geschichte, dass sie schnellstmöglich von Rügen abreisen wollte.

SCHÖNES NATURERLEBNIS Ob nun die Sagen um den Herthasee in ihrem Kern auf Tatsachen beruhen oder nicht – ein Ausflug dorthin lohnt sich in jedem Fall. Der Herthasee ist fast kreisrund, etwa 170 Meter lang und 140 Meter breit und wurde von eiszeitlichem Schmelzwasser gebildet. Sein Wasser ist dunkel und moorig, und mehrere Wanderwege führen am See entlang. Am Ostufer ist darüber hinaus ein 17 Meter hoher Burgwall zu sehen – es sind die Überreste der Herthaburg. Sie stammt wohl aus der Zeit der Ranen, die bis ins 11. Jahrhundert auf Rügen lebten. Dort befinden sich auch der Opferstein und der Stein mit den drei (Fuß-)Spuren.

Der Nationalpark Jasmund

Nicht weit vom Herthasee entfernt befinden sich die Stubbenkammer und das Nationalparkzentrum Königsstuhl. Es liegt oberhalb der höchsten Kreideklippen von Rügen und ist für Besucher ganzjährig geöffnet. Interessierte finden im Besucherzentrum anschauliche, auch interaktiv aufbereitete Informationen rund um den Nationalpark Jasmund. Weitere Anziehungspunkte sind eine Aussichtsplattform mit Blick auf den beeindruckenden Königsstuhl und natürlich die Ostsee vor Rügen. Nicht unerwähnt bleiben sollte, dass sich hier auch die nächste Parkmöglichkeit für den Fußweg zum Herthasee befindet.

Drei Fußabdrücke im Stein – einer stammt wohl vom Teufel.

Der hohle Zahn vom Pegelturm am Kap Arkona (Kapitel 19)

Wo immer möglich, setzt sich die Natur durch,
selbst auf dem Torbogen des Schlosses Putzar (Kapitel 30).

REGISTER

Ebenfalls erhältlich ...

ISBN 978-3-7343-2552-6

Lieblingscafés, Orte zum Seele baumeln lassen, Kultur, Natur – die mecklenburgische Ostseeküste hat so viel zu bieten! Entdecken Sie das Unbekannte.

BRUCKMANN

www.bruckmann.de

IMPRESSUM

Verantwortlich: Claudia Hohdorf
Lektorat: Helga Peterz
Korrektorat: Christiane Gsänger
Layout: BUCHFLINK Rüdiger Wagner
Covergestaltung: Rudi Stix, Mathias Frisch
Layout- und Reihengestaltung: Mathias Frisch
Kartografie: Bruckmann Verlag GmbH, Heidi Schmalfuß
Repro: LUDWIG:media
Herstellung: Alexander Knoll
Printed in Poland by CGS Printing

★★★★★

Sind Sie mit diesem Titel zufrieden? Dann würden wir uns über Ihre Weiterempfehlung freuen.
Erzählen Sie es im Freundeskreis, berichten Sie Ihrem Buchhändler, oder bewerten Sie bei Onlinekauf.
Und wenn Sie Kritik, Korrekturen, Aktualisierungen haben, freuen wir uns über Ihre Nachricht an Bruckmann Verlag, Postfach 40 02 09, D-80702 München oder per E-Mail an lektorat@verlagshaus.de.

Unser komplettes Programm finden Sie unter www.bruckmann.de

Alle Angaben dieses Werkes wurden vom Autor sorgfältig recherchiert und auf den neuesten Stand gebracht sowie vom Verlag geprüft. Für die Richtigkeit der Angaben kann jedoch keine Haftung übernommen werden, weshalb die Nutzung auf eigene Gefahr erfolgt. Insbesondere bei GPS-Daten können Abweichungen nicht ausgeschlossen werden. Sollte dieses Werk Links auf Webseiten Dritter enthalten, so machen wir uns die Inhalte nicht zu eigen und übernehmen für die Inhalte keine Haftung.
In diesem Buch wird aus Gründen der besseren Lesbarkeit das generische Maskulinum verwendet. Weibliche und anderweitige Geschlechteridentitäten werden dabei ausdrücklich mitgemeint, soweit es für die Aussage erforderlich ist.

Empfehlung der Redaktion Sie sind auf der Suche nach weiterführender Literatur? Dann empfehlen wir Ihnen den Titel »Lost & Dark Places Mecklenburg« von Oliver Hübner.

Bildnachweis Alle Bilder im Innenteil stammen von Oliver Hübner mit Ausnahme von: S. 150 f.: shutterstock/Traveller Martin; S. 151, 153: wikimedia commons/Lapplaender; S. 152: wikimedia commons/Naturwunder
Umschlagvorderseite: Klosterruine Eldena (Kapitel 28)
Umschlagrückseite: Ehemaliges Gewerbegebäude zwischen Franzburg und Richtenberg (Kapitel 5)

Die Deutsche Nationalbibliothek verzeichnet diese Publikation in der Deutschen Nationalbibliografie; detaillierte bibliografische Daten sind im Internet über http://dnb.d-nb.de abrufbar.

ISBN 978-3-7343-2469-7